迷子の時代を生き抜くために

不登校・ひきこもりから見えてくる地平

山下 耕平

北大路書房

■目次

第2章

社会性って何だ？

はじめに

迷子の時代だ――。

何のために学校に行くのか、何のために働くのか、何のために生きているのか、ちょっと前まで、おおかたの人が当たり前にして考えることもなかったことが、ちっとも当たり前ではなくなって、よくわからなくなっている。

たとえば、ちょっと前までは、いい学校に行って、いいカイシャに入れば、それで人生成功というような神話が成り立っていた。しかし、それが幸福な時代だったかと言えば、そうとも言えない。たとえば、そういう時代に、学校に行けなくなることは、生死に関わるほどの問題だった。たかが学校に行かないというだけのことで、これまでに、どれほど子どもが痛めつけられてきたかわからない。

学校に行かなくなったとたん、「そんなことじゃオトナになれない」とか「将来困る」とか「学校に行かないとホームレスになるぞ」とか、あげくの果てには「いっしょに死のう」と言われることもある。言われるだけならいいけど、これまでには、ほんとうに無理心中されたり、自殺に追い込まれたり、金属バットで親に殴り殺されたり、スパルタ施設に入れられて殺されてしまったり、あやしげな宗教施設に置いていかれたり、とにかくカンタンには言い尽くせないほど、学校に行かないことで子どもたちは苦しめられてきた。そこまでのケースではなくても、学校に行かなくなることで、多くの子どもたちが、自分の存在を丸ごと否定されるような苦しみを味わってきた。

しかし、いまや学校は、かつてほど絶対のものではなくなった。学校神話は崩壊していると言ってもいい。誰も心の底からは、学校を信じていない。かつて不登校の当事者運動のなかで、「学校信仰」という比喩がなされたが、いまや「信仰」は相当に揺らいでいるように思う。一面では、不登校への偏見は弱まり、学校は相対化され、フリースクールなど学校外の居場所も一定の認知は得てきている。

それは、長年にわたる当事者の苦闘の成果でもある。「学校に行かないと人生オシマイ」と、みんなが信じていた時代に、不登校の当事者が「学校には行かなくても大丈夫」「学校だけが子どもの学び育つ場所じゃない」という声をあげ、当事者の親の会や、フリースクールのような場所が全国につくられてきた。学校に行かない子どもたちや、その親たちが「学校に行かなくてもいい」と声をあげたことは、とても大きなことだった(1)。

学校が相対化されたならば、不登校の子どもたちはラクになっているはずだ。しかし、現象的にはラクになったように思える面がある一方、子どもや若者たちの不安は、以前よりずっと深くなっているように感じる。なぜだろう?

ほんとうに学校に行かなくても大丈夫ならば、もっと学校に行く人は減ってもおかしくない。受験競争ばかりが過熱するのではなく、もっと多様な生き方にひらかれていってもいいはずだ。しかし実際には、むしろ高学歴化は進んでいる。学校に行っている人も不安、行っていない人はなお不安、みんなが迷子で、ものすごく不安になっているように感じる。

この不安は何なんだろう?

ほんとうに学校に行かなくても大丈夫なんだろうか? 大丈夫なのは、フリースクールに行けたり、学校以外に学べる場所や、そこへ通うお金や、能力のある人にかぎってのことで、ほんとうは大丈夫じゃないんじゃないか? 「学校に行かなくても大丈夫だなんて言うのは、不登校のエリートだけだ」なんて声も、ずいぶん前からあった。

とくに、何年か前からは、「ひきこもり」とか「ニート」なんて言葉も出てきて、学校に行かないと将来は「ひきこもり」「ニート」になるとか、不安をあおる声も大きくなっている。

あるいは、学校や教育行政の側にしても、とにかく学校に復帰させれば大丈夫だと、ちょっと前までは信じていたように思う。だから、金八先生のような熱血教師が、熱く学校復帰を働きかけていたりしたのだろう。しかし、いまでは教師の側も、学校復帰さえさせれば大丈夫とは、ほんとうのところは信じていないように思える。近年は学校復帰の圧力が再び強まっているとの批判もあるが、そんなに自信満々に学校復帰させようという教師は減っているのではないか。

それだけではなく、学校という現場自体が、教師にとってもシビアな場になってきている。たとえば、教員が精神疾患で休職する数は増え続けている。2007年度で4995人、全教員の0・55％に及ぶ[2]。同年度の小学校の不登校の割合は0・34％だから、それよりも多いことになる。教員もまた、迷子だ。

学校現場も不安に満ちている。かといって、フリースクールに元気があるのかと言えば、フリースクールもまた、一時期に比べ、なんだか元気を失っているように思える。みんながこのぶ厚い不安の雲のなかで視界を失い、迷子になっているように思える。社会全体が不安に満ち満ちているのだ。むしろ、不登校というのは、社会が不安に満ちていくなかで、その不安を問い直す機会になってきたのだと思う。後にくわしく見るように、社会が不安を肥大化させるなかで、多くの人が、その不安ゆえにしがみついてきたもののひとつが学校なのだろうが、不登校というのは、そこから外れてしまったがゆえに、激しい痛みをともないながらも、その不安を直視し、自分の生命を見つめ直す機会になってきた。それが、あるときは晴れ間のように思えた時期もあったのだろう。しかし、いつの間にか、その晴れ間にも、ひたひたと不安がしのびより、気がつけば不安の雲に覆い尽くされてしまっていた。そんなふうに思える。

私が本稿で試みたいのは、このモヤモヤとした不安の正体を突きとめ、不登校・ひきこもり・ニートと言われる現象をざっくりと捉え直し、そこから、この迷子の時代を生き抜くための方向性を探ることだ。論の中心は、不登校の当事者運動ということになるが、この不安な社会の当事者という意味では、誰もが当事者ということになるだろう。非力はじゅうぶん承知しており、はなはだ大ざっぱな文章だとは思うけれども、精いっぱい試みた。

本題に入る前に、自分の立場を明らかにしておきたい。私は不登校経験者ではない。大学を中退して東京シューレというフリースクールにスタッフとして関わり、その縁から『不登校新聞』（現在は『Fonte』と改称）の創刊時（1998年）から2006年まで編集長を務めた。現在は、大阪でフォロというフリースクールに関わるかたわら、同法人で若者の居場所のようなものを運営している。

私は、学者さんみたいに不登校を研究対象と考えたことはないし、新聞をつくってきたけど、当事者をたんなる取材ネタとして考えたこともない。フリースクールにおいても、当事者を「支援」しようなんて気持ちを持ったことはない。じゃあ何をしてきたのかと言えば、不登校に関わることで自分が問われて続けてきた、ということだと思う。自分を問うことは社会を問うことでもあって、不登校を切り口として、社会のあり方を考えてきたつもりだ。つまり、問うべきは不登校当事者ではなく、社会構造のほうだという視点である。それを新聞というかたちにしたり、フリースクールなどの場で、子どもや若い人、親の人たちと考え合ってきたつもりだ。学校に行っていない人に「なんで学校に行かないの?」と聞くのではなく、「なんで自分は学校に行ってたんだろう?」と問うと、そこには無限の問いがある。そこから、社会のあり方が見えてくる。ちょっときれいに言い過ぎているが、そういうスタンスで関わってきたつもりだ。本稿も、そういう視点から考えている。

＊

さて、前置きが長くなったが、本題に入ろう。

不安をひもとくうえで、キイワードとなるのは「学力」と「社会性」だと思う。子どもが学校に行かなくなったとき、親も教師も、場合によっては祖父母や親戚まで、まわり中が「そんなことで将来生きていけるのか」と、すごく心配する。何がそんなに心配されるかといえば、その代表格は「学力」と「社会性」であるように思うのだ。この2つを心配されなかった当事者は、ほとんどいないと思う。しかし、心配されるわりには、いったい「学力」や「社会性」の何を心配しているのか、そもそも「学力」や「社会性」って何なのか、あまりハッキリとはしていないように思う。不安とはそういうものだろうが、その不安を直視することは、自分たちが何に縛られているのかに気づき、これまでとはちがった視座を得るきっかけにもなり得る。

そこで、ちょっと遠回りのようだが、この「学力」と「社会性」という2つを、ちょっと長いスパンから考え直し、なぜ私たちがこんなにも不安になるのかを探り、その社会構造を照らし返してみたい。

　まずは、「学力」について、考えてみたい。

第1章

学力って何だ？

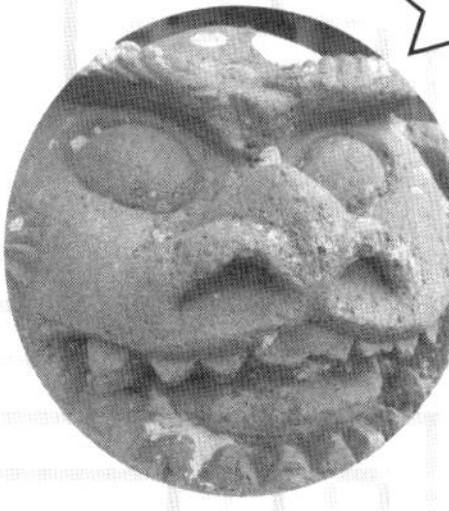
チワワ！……
いや、やっぱり
デクノボーかな？

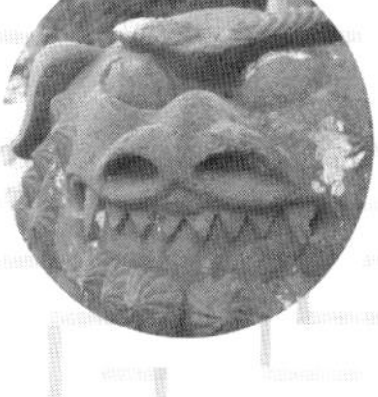
アニキ、将来は
何になりたいッスか？

なんでベンキョーするの？

　学校に行かなかった人にかぎらず、「なんでベンキョーするの？」と思ったことは、誰しも一度ならずあることだろう。子どもがそんなことをつぶやいても、親やセンセイに「あなたの将来のためよ」とか「社会の役に立つためよ」とか、「四の五の言わずに宿題しなさい！」とか言われて、またたくまに、そのつぶやきはかき消されてしまう。きっと毎日のように、そういうつぶやきが、現れてはかき消されている。それも何十年にもわたって……。しかし、そこには、とっても大事な問いがあるように思う。

　たとえば「因数分解の因数って何？」とオトナに聞いてみたところで、たいがいの人は答えられないんじゃないだろうか？　少なくとも私には答えられない。たしかに習ったはずだけど、まったく覚えてない。実際、多くのことは、知らなくても、生活にも仕事にも困らないことのように思える。生活にも仕事にも必要ないのに将来のために必要というのは、どういうことなのか？　結局は「受験に必要」というミもフタもない話で、「いい学校に入るためには受験勉強をしなさい」ということになっている。こんなことは批判し尽くされてきたことで、とってもバカバカしいことにちがいないのだが、いまなお、かなり根の深い問題だ。受験勉強なんて、とっても偏ったベンキョーだとみんなわかっている。その偏ったベンキョーのできるヤツが社会で有利になって、できないヤツは不利になる。

それが当たり前のことになっているけれども、これはおそろしく理不尽なことだ。なんでこんなことになったんだろうか？

学校ができる前は？

まず、大ざっぱに、学校の成り立ちを考えてみたい。学校ができたのは、日本では明治時代になってからのことで、その前の社会、近代化する前の社会では、学校で学んでいる人はいなかった。寺子屋みたいなものはあっても、そこで過ごす時間や学ぶ量は、学校とは比較にならないくらい小さかっただろう。むしろ、子どもたちは、自分の生活のなかで、農家だったら農作業や家事を手伝いながら、商人だったら丁稚奉公をしながら、自分が生活していく術を学んでいた。つまり、学ぶことは、生活や働くこととといっしょだったのだ。〈生活〉と〈働く〉と〈学ぶ〉ことは現在のように分離していなくて、これはオトナにとっても同じだったはずだ。だから、オトナも子どもも働き手だし、生活を支える人だし、まちがっても「子どもの仕事はベンキョー」なんてことはなかったはずだ。

それが、劇的に変化しはじめるのが明治時代だ。西洋のような近代社会をつくるには、それまでの社会を壊して、新しい社会につくりかえる必要があった。そのためにつくられたのが学校という装置だと言えるだろう。子どもは、〈生活〉〈働く〉〈学ぶ〉がいっしょになった世界から引き離されて、学校に集められた。しかし、学校でのベンキョーは、当面は農作業にも生活にも役立たないことばかり。当然、オトナたちは反対した。学校を焼き討ちにもした。

一方、それまでの社会では、農家の子は農家、商人の子は商人にしかなれなかったのが、学校では、身分に関係なく一律に同じことが学べ、身分ではなく、学校での成績が将来を左右することになった。学校でベンキョーさえすれば、都会に出て、お金をもらって生活できる、そういう自由が手に入った。そんなことがあって、みんなが学校に行ってベンキョーする時代になったのだ。

それからは、それまでの〈生活〉〈働く〉〈学ぶ〉がいっしょになった社会は壊れていく一方で、学校でベンキョーした人はどんどん都会に出ていくし、働くということは、カイシャでおカネをもらって働くことになっていった。もちろん一気に変化したわけではないけれども、それでも歴史的に見たら、わずか100年ほどのあいだに劇的な変化があったと言えるだろう。

みんながカイシャでお給料をもらって働くことになったということは、食べ物を自分たちでつくらず、おカネで買う生活をするようになった、ということだ。2007年の食糧自給率は40%（カロリーベース）で、過去最低だった2006年より1ポイントは回復したとのことだが、1960年では80%ほどあったのだから、わずかのあいだに激減していることがわかる。戦後の高度成長期によって、社会構造は大きく変化したと言えるだろう。

しかし、もっと言えば、私も含めて、ほとんどの人が食料自給率は0％だ。自分で食料をまかなっている人はほとんどいない。働くということは、食べ物をつくる時代から、工業製品をつくる時代になって、いまや情報やサービスをつくる時代になっている。だから、何があっても雇用されて、お給料をもらわないと生きていけない。農業人口は、1872年で77・1％だったのが[3]、1920年には51・2％、2005年には4・4％まで減少している[4]。

逆に、サラリーマン（雇用者）の割合を見ると、2007年では86％にものぼるが、1947年では36・4％、働く人の3分の1でしかなかった。残り3分の2は、家族従業や自営業の人だったのだ[5]。サラリー（給料）をもらって、お金ですべてをまかなう生活。私たちは、それをあまりに当たり前にしていて疑うことがないけれども、それは、そんなに歴史の古い生活スタイルではないのだ。

モーレツな時代へ

さて、そうなると、学校でベンキョーすることの意味は大きくなってくる。ベンキョーしていい学校に入れば、いいカイシャに入れる。そうすると、いい給料がもらえて、いい生活ができる。そういうことがモーレツに信じられて、みんながモーレツにがんばってしまった時代があったのだ。逆に言うと、モーレツにがんばらないと生きていけない時代。

モーレツにベンキョーして、少しでもいいカイシャに入って、それで人生が決まると思いこんで、みんなが競争する時代。そこから落ちこぼれた人は、人生の落伍者にされてしまう時代。

近代以前は、ある意味では、がんばらないでも生きていける社会だった。逆に言うと、がんばっても仕方のない社会。身分を越えて出世することがないのだから、それは封建的で、閉鎖的で、自由の少ない社会だったのだろう。近代化というのは、それまでの社会をぶっ壊して、まったく新しい社会に人を組み込んでいくことだった。身分の壁を壊したのはいいことだったけど、人がおたがいさまで支え合っていた基盤をも壊してしまって、その人が自分の能力でお金を稼いでいかないと生きていけない社会になった。自由だけど、ものすごく不安定な社会。自然も、物も、人間関係も、ありとあらゆるものを商品にして、お金さえあれば何でも手に入るような社会。だから、自然もどんどん開発されていったし、人間自身も開発されていった。

食べ物だけではなくて、私たちは、衣・食・住のほとんどすべてをおカネでまかなっている。おカネがなくなったら、とたんに生活できなくなってしまう。だから、おカネを稼ぎ続けるしかない。おカネがなくても食べ物があれば、とりあえずは生きていけるし、おカネ以外で支え合う関係があれば、貧乏（おカネがない状態）でも豊かだということは、じゅうぶんあり得るだろう。しかし、貧困（おカネ以外の基盤もなく、おカネもない状態）は、ほんとうに貧しい。これは底なしの貧しさだと言えるだろう。

貧乏と貧困はちがうと言ったのは、野宿者問題に取り組んでいる湯浅誠さん（ＮＰＯ法人自立生活サポートセンター・もやい事務局長）だ。湯浅さんは、貧困は〝溜め〟のない状態だという。おカネの〝溜め〟（貯金）、人間関係の〝溜め〟（親や友人など）、精神的な〝溜め〟（自分に自信があって、気持ちにゆとりがある）など、そうした〝溜め〟によって、人は支えられて生きている。何か衝撃を受けるような事態があっても、〝溜め〟があれば、人はなんとかやっていけるのだが、その〝溜め〟が枯渇している状態が貧困なのだ、と。そして、その貧困は個人の問題ではなく、社会的につくりだされているものだという(6)。

これをもう少し考えると、私たちの社会は、いろんな〝溜め〟を商品に置き換えることで経済を活性化させた反面、ものすごく関係を貧困化させているとは言えないだろうか。うっとうしい人間関係に縛られない反面、おカネがなくなったら、自分を支えてくれるものがない。つまり、底が抜けてしまった状態だから、がんばるしかない社会。お金がなくなったら、明日にでもホームレスになるんじゃないかという不安、学校に行かなくなったら社会で生きていけないと思う不安。その不安は、文字通り底なしなのだ。なんで学校に行かないことが、こんなにも不安だったり、苦しかったりするのかと考えるとき、そういう社会の仕組みのなかに生きているということが、あるんだと思う。

ガマンは何のため？

　でも、そんな仕組みのことは、なかなか見えない。とくに子どものときなんて、まったくわからない。生活や仕事に何の関係があるのかわからないベンキョーを、「将来のためだから」とさせられてしまう。じーっとアリの行列を見ていたり、雲を眺めたり、落とし穴をつくったり、昆虫を捕まえてきたり、それをいじりすぎて殺しちゃったり、そういうことは「遊び」にはなっても「学び」とは認められない。テストに役に立ちそうなことばっかりがベンキョーで、それはテスト以外の何に役に立つのか、ぜんぜんわからないのだ。そういうなかで、ベンキョーはつまらないもので、だけど「将来のために」ガマンしてやるものになっている。

　もちろん、授業にはおもしろい内容だってあるし、たんなる受験のための手段ではなく、ほんとうの意味の学びがあることもたしかだろう。テストにかぎらず、生きていくうえで役立っている勉強はたくさんあるにちがいない。専門知識が職業に役立つことだってたくさんあるし、そのときは役に立たないと思っていたことが、目に見えるかたちで後から役立つこともあれば、気づかないうちに役立っていることもたくさんあると思う。

　しかし、それでも問いたい。たとえば、子どもが学校に行かなくなって「学力が心配」というとき、心配なのは、学びそのものだろうか？　そもそも、多くの親が目くじら立てて子どもにベンキョーさせたがるのは、学びそのものの価値を大事にしてのことだろうか？　もしそうだったら、どんなに子どもはラクだろうかと思う。なぜなら、親が「いま」の自分を見てくれているのだから。よくわからない「将来」のためにがんばらされるのは、どれほど苦痛なことか。こういう構造のなかでは、子どもは「いま」をじゅうぶんに生きることができないように思う。

ガマン大会へのノーサイン

ついでに言うと、学校では、図工とか音楽とか、点数にしてはいけないようなものまで点数化されたベンキョーになってしまった。これはサイアクだと思う。すべての物に値段がつけられて売られるようになったみたいに、すべての能力に点数がつけられ、序列化されるようになったのだ。

こんなガマン大会は、よほどの理由がないかぎり、ガマンできないのが健康というものだろう。だから、たとえば「いいカイシャ」に入ることを目標に思えなかったり、いま現在の虚しさをごまかせなかったり、生きるって何だろうとか、社会って何だろうとか、ちょっとでも考え出したりすると、ガマン大会なんてやってられなくなる。意識して言葉で考えなくとも、身体ではそういう矛盾を感じるから、身体のほうからもうイヤだとノーサインが出ることもある。不登校というのは、そういう子どもたちのノーサインのひとつだと言えるだろう。

それでも、いまガマンすれば将来の役に立つと信じられていれば、まだガマンのしようはある。ところが最近は、何のためにガマンしているのか、わからなくなっている。それは個人の意識だけではなく、社会状況としても生じていることだと思う（このあたりは、また後に触れる）。

よく学校に行っていない人（あるいは、ひきこもっていたり働いていない人）に向かって、「あいつらはガマンしてなくてずるい」とか「怠けている」といった類の非難がぶつけられることがある。これは、自分たち自身が何のためかわからないガマンを強いられているからだろう。

このガマンは、そうとうに根が深いものだと思う。たとえば日本人は勤勉で、日本ほど時間に正確な国はないとか言われる。しかし、これは日本人古来の性質なんかではまったくなく、近代化のなかでつくられた感覚でしかない（学校を通じて！）。時間に正確だとか、勤勉だとかいうのは、どこの国でも、強いられて獲得させられるものだ。そして、なぜだか知らないけれども、日本人はそれに過剰適応してしまったのだ。もともとルーズに生きていたのに勤勉さを強いられているのだから、近代化というのは、そもそもガマン大会なんだろう。そのガマン大会に過剰適応してしまった日本人は、とくにガマン度が高いのかもしれない……。

「学力」を身につけるほど不安になる？

話を「学力」に戻そう。言い古されたことだが、世間で「学力」と言われているのは、ものすごく狭い能力のことだ。学ぶことそのものの楽しさとか、ほんとうの意味での学ぶ力ということではない。そういう力なら、誰にでも備わっていると言える。問題になっているのは、画一の基準で競争して、点数をあげる能力のことだ。なぜその無意味な点数競争がここまで人を駆り立ててきたのかと考えると、そこに底なしの不安があるからだろう。

しかも、不安を消すために必死になってやっているはずのベンキョーは、すればするほど不安を太らせていくようにも思う。なぜだろう？

テストではいつもカッチリと正解が決まっている。自分の考えを、いつも正解に合わせないといけない。「なんで1＋1は2なんだろう？　リンゴ1つを半分に切っても2つになるな。そもそも1って何なんだ？」とか、まともに悩んでいたら、点数にはならない。最初は疑問に思ったとしても、学校のなかで学んでいくうちに、要求されている回答を要領よく出せばよいことになって、あまり深くは考えなくなってしまう。よく「知識偏重」とか言うけれども、そういう固まった正解を答えさせている構造にこそ、問題はあるように思う。いつも正解は〝向こう〟にあって、自分が感じたことよりも〝向こう〟に合わせなければいけない。そうすると、なんだか自分の感覚への自信が揺らいでしまうように思うのだ。子どもたちのやわらかな魂を学校は殺してしまっているのではないか――。そんなふうにさえ思える。

少しヘンなたとえかもしれないが、たとえばスーパーやコンビニで売られている食べ物には、賞味期限というものがある。製造年月日はいいとして、賞味期限というのは、企業の責任として目安を書いたものだろう。ところが、1日でも期限をすぎると、気持ち悪くて食べられないという人がけっこういる。自分の味覚や嗅覚で直接感じることよりも、企業の提示する物差しが絶対になっていて、自分の感覚が信じられなくなっている。正解は、いつも専門家や学校やカイシャの側にあって、自分はそれに合わせないといけないという感覚……。

もうひとつ例をあげると、健康診断というのもヘンだ。たとえば私は20年近く健康診断を受けていないが、べつに不安はない。そういうことを人に言うと、わりと多くの人がびっくりして「受けておいたほうがいいよ」などと心配してくれる。だけど、それってヘンじゃないだろうか？　自分が身体の不調を感じて診断を受けるというのはわかる。しかし、毎年毎年、自分の身体を医者に診てもらって、データ化してもらって、「あなたの身体はこういう状態ですよ」と示してもらわないと自分が健康かどうかすら確信がもてないなんて、倒錯した感覚ではないかと思う。

これらのたとえは、ベンキョーと直接は関係ないかもしれないが、同じ問題だと思う。

自分の感覚に自信が持てなくて、いつも〝向こう〟に評価されて自分の位置づけを確かめないと不安になっている。だから、評価がすごく大事になってくる。学校で高い評価を得られた人は、ますます過熱的に評価を求めていくし、低い評価しか得られない人は、自分の存在ごと低く評価されたようにコンプレックスを持たせられる。そういう構造のなかでは、どんなに〝向こう〟に評価されても、それは外からの評価であって、自分の内側からの安心感はない。不安がおさまることはなく、むしろふくらんでいくばかりだ。その不安をまぎらわすために、評価を与えてくれる学歴だとか、資格の価値が高まっていく。学歴社会は問題だなんてことは言い尽くされてきたことだけれども、ここでも、その根底には底なしの不安があるということをあらためて見ておきたい。

このあたりのことは、イヴァン・イリイチという人が１９７０年代から指摘してきたことだ。ちょっと引用してみたい。

学校に依存すると、すべての活動において他の専門化された制度の世話を求めるようになる。独学ではダメだとなると、すべての専門家ではない人の活動が大丈夫かと疑われるようになる。学校においては、価値のある学習は出席した結果得られるものであり、学習の価値は教えられる量が増えるにつれ増加し、その価値は成績や証明書によって測定され、文書化され得ると教えられる。しかし、学習は必ずしも教授された結果生じるものではない。むしろ他人から妨げられずに多くの意味を持った状況に参加した結果得られるものである。

（イヴァン・イリイチ『脱学校の社会』1977／原著は1970）

イリイチが「脱学校」というとき、それは、たんに学校を問題にしているのではなく、システム化された社会そのものを問題にしている。システムに依存すればするほど、人は無力感を覚えるようになり、創造的に生きることができなくなってくる。そういう世界に人を導き入れている装置が学校だというのだ。「学力」を身につければつけるほど、自分自身が疑わしくなって、無力感を深めていく。そして、ますます専門家やシステムに依存するようになっていく。それは、私たちの生活実感からして、とてもよくわかることのように思う。

おカネと学力

学校というのは、みんなが同じ基準で、同じ内容を、同じように学ぶ施設で、近代社会をつくるうえで絶対に必要な装置だった。同じ年齢の子どもたちが、毎日、同じ方向を向いて、同じ内容の授業を同じ時間だけ受ける。それはちょっと考えるとブキミな光景だし、いまでは画一教育との批判もあるけれども、その画一的であることが何より重要だったのだ。平等に競争して、身分ではなくて能力によって生きていく社会では、そういう画一的な基準がとっても重要になる。それは、ちょうどスーパーで売られるものが画一的な品質で同じ値段がつけられ、全国標準ができたことで物流が飛躍したみたいに。近代社会では、おカネと同じように、「学力」という標準で人をはかろうとしてきたと言える。

おカネのスゴイところは、食べ物でも、生き物でも、クルマでも、相談ごとや医者にかかることでも、すべてをおカネという一元的な価値で交換させてしまうところだと思う。そして、おカネには換えられないものとして大事にされてきたモノやコトも、どんどんおカネで交換できるものにしてきた。それを進歩だとか文明だと言ってきたのだろう。たしかに、私たちは、その「豊かさ」を享受して生きている。その代わり、すべてをおカネでまかなうようになってしまったから、おカネを稼がないと生きていけなくなったわけだ。

ちょうど、おカネというのは、みんなが信じているから機能していて、信じなくなったら大混乱になってしまうみたいに、「学力」というのも、みんなが信じた価値だったと言えるだろう。考えてみたら、世の中にはいろんな仕事があって、テスト能力の高い人ばかりが得をするような仕組みはおかしい。それは、おカネさえあれば何でも買えるというのはおかしいというのと同じおかしさなのだけど、みんなが信じているから、自分も信じている。おカネがなくなったらホームレスになるという底なしの不安と同じで、学力＝学歴だけが頼れる価値だったら、それは底なしの不安ゆえに、しがみついている価値だと言えるだろう。

おカネは、おカネではかれないモノは価値のないモノだと見なす。「学力」は、「学力」ではかれない能力は価値のないモノだと見なす。それは、とてもイビツな物差しにちがいない。この物差しでは、誰もが同じ基準でがんばれば、その成果が得られることになっている。しかし、たとえばそこでは、あらかじめ「障害者」は排除されている。養護学校が義務化されたのは1979年のことだ（地方自治体に設置義務が課せられた）。この義務化によって、重度障害児にも教育機会を与えたことになっているが、その教育は、健常児への教育とはまったく別のものとして、完全に分離して行なわれたのだ。このことは、「学力」という価値の本質を示していると言えるだろう。

無理のしわ寄せはどこに

ひと昔前までは、みんながひたすらモノをほしがった時代だったように思う。クルマがほしい、テレビがほしい、マイホームがほしい——。おカネさえあれば、いろんなモノが手に入るようになり、モノが増えれば増えるほど生活は便利で豊かになる。しかも、新しいモノほど便利で使いやすく、どんどん進歩して豊かになっていくと信じられていた時代。

しかし、多くの人がイヤというほど痛感しているように、モノが増えても、ちっとも豊かには感じられず、むしろ、あちこちに無理が生じている。

たとえば、2007年は戦後初めて国内の自動車保有台数が減少したそうで、その後、新車の販売台数の落ち込みが大問題として騒がれている。しかし、むしろ、これまでずっと増え続けてきたことのほうが驚きだ。現在、日本国内の自動車保有台数は約7560万台（2008年8月現在）、この40年で10倍に増えているのだが、とうに飽和状態に達していたはずだ。それでも、毎年、国内だけで1000万台以上のクルマが生産され、580万台前後の新車が売られてきたのだ。これをおおざっぱに単純計算すると、1日あたり3万台生産され、国内だけで1万6000台も販売されてきたことになる。2008年は新車販売台数が大幅に落ち込んでいるというが、当然という気がする。(7)

言うまでもなく、自動車は巨大産業だ。部品をつくっている子会社をはじめ、道路、燃料、駐車場、自動車保険などを含めると、日本の就労人口の約8％は自動車関連で働いているという（私の父親も自動車産業で働いていたので、私自身、その「恩恵」を享受してきたのだが）。だから、自動車がどんなに余っていようと、交通事故が増えようと、毎年、売れ続けてくれないと不況になってしまうし、ちょっと売れる台数が減っただけでも大問題になってしまう。そこで悲しいのは、解雇されるのは期間工などの非正規雇用者で、弱い者にしわ寄せが行くということだが、しかし、そもそも〝おなかがいっぱい〟なのに、無理やり食べさせてきたような状態だったわけだから、そこに無理がある。どのみち、長続きはしない仕組みだったと言える。長続きはしない仕組みを、無理に無理を重ねて維持してきたのだ。

これはクルマにかぎらない。家電製品でも同じことが言えるし、消費生活全般に言えることだろう。かつて、経済成長をモーレツにばく進させた時代には、働くこと＝生産することは自明のことで、働けば働くほど豊かになる、進歩や技術革新が豊かな世界をもたらす、そういう実感があったにちがいない。しかし、いまや進歩や技術革新は過剰になっていて、無理やりにでも消費を刺激しないと経済がまわらないようになっている。売るためには、いらない機能をたくさんつけてみたり、ちょっと変わったイメージをつくってコマーシャルで流してみたり、あるいは少しでも価格を安くして、競争する。細かな差異を無理やりつくりだし、そのために必死に競争している。コスト削減のしわ寄せは、末端の労働者、とくに若者に寄せられている。正社員はややもすると過労死するまで働かされる一方、派遣社員やフリーターなど非正社員は不安定雇用のなか、ワーキングプアの状態に置かれている。終身雇用・年功序列といった安全地帯は、若者世代にはない。

そうしたなか、つくる人も売る人も、何のために働いているのか、心の底ではわからなくなっているのではないか？　しかし、そんな大きな問いを考える余裕はないし、おカネがなければ生活できないなかで、日々、無意味な競争に追われ、そのストレスは弱いほうに向かって増幅されていく。

それでも、毎年、売上げを伸ばし続けないと競争に負けてしまうカイシャは、クルマでも家電でも、ケータイでもパソコンでも、買い換えないといけないような錯覚をふりまいている。モノとしては使えるのに、機能が古いから買い換えさせようと躍起になっている。だから、モノは大事にされない。モノよりデータが大事にされている。

無限に「個性」を証明しないといけない時代

同じことが人間にもあてはまる。その人の存在よりも能力が大事で、人間自体はいつでも取り替え可能な労働力として扱われている。

そういうなかで、「学力」という一元化した標準も、もっと複雑になってきた。第2次産業（モノづくり）で働く人が多かったときは、モクモクと画一的な作業をこなす能力が大事で、言われたことを言われたとおりにこなすことが重視されていた。しかし、第3次産業（サービス業）で働く人が7割近く（67％）にもなる社会では、アイディアを生み出せる能力やコミュニケーション能力といった、一元的にははかれない能力が必要とされるようになっている。コミュニケーションなんていう、人と人をつないでいる関係そのものまでが商品になってきたということだ。これは一見、多様化しているようで、複雑な人間関係をおカネという基準で一元化していると言える。

それは、いい学校にさえ行けば安心、いいカイシャにさえ入れば安心という時代が終わったこととつながっている。学校が自分を証明してくれた、カイシャの名前が自分を証明してくれた時代は終わって、無限に自分の能力を証明しないといけない時代になった。近代社会では、もともとそういう能力主義を原理としてきたのが、タガが外れたような感じになっている。カイシャの仲間も、仲間というより競争相手で、弱みを見せることはできない。だから、カウンセリングへのニーズが高まる。いわば、むきだしの能力主義で、裏を返せば、むきだしの不安に覆われた社会になっていると言えるだろう。

「個性」を証明しないといけない時代。「個性」を売らないといけない時代。自分の能力を無限に証明しないといけない時代……。

そうなると、資格をとることが大事になってくる。『国家試験資格試験全書』（自由国民社）という本には、1200以上の資格が掲載されているそうだ。資格をとるための学校は大繁盛で、大学生でさえダブルスクールで専門学校に通っていたりする。学歴だけでは証明にならない、もっと細かく能力を証明しないといけなくなっている、ということだろう。

産業構造の変化と発達障害

近年、「軽度発達障害」がクローズアップされ、特別支援教育の対象とされるようになった。これも、第3次産業（サービス産業）で働く人が7割近くになるという産業構造の変化のなか、あらたに「障害」としてくくりだされる人が出てきたという問題だろう。

『Fonte』（旧『不登校新聞』）で、アスペルガー症候群の当事者である荒木大さんにインタビューした際、荒木さんは次のように語っていた。

——いまの社会に対して感じることは？

すごくキチキチしているじゃないですか。昔みたいにゆるやかじゃないから、ボロが出やすい。しんどさのラインが上げられていっている。ふつうの人でも鬱になりやすい社会です。だから、発達障害の人は、なおさらボロが出てしまって生きづらい。いまの社会は、すごくコマゴマとしていて、息苦しいですね。

昔から、発達障害の人なんていたと思うんです。たぶん割合としては変わってない。それが、障害として成立しただけです。発達障害者が増えていると言いますが、社会のあり方が急激に変わってきたから、生きづらい人が増えたんだと思います。

昔だったら、そういう人も、自然に、なんらかのハマる場所があったんだと思います。それがなくなってきて、居場所がなくなって、追いつめられている。

障害は治るわけではないけど、そういう環境があれば、社会的には「治る」ことがあると思います。当事者が落ち着いて暮らしていければ、それは、ある意味で「治る」ことでしょう。

（『Fonte』179号／2005年10月1日）

同じく「アスペルガー症候群」が増加したとされる理由について、精神科医の滝川一廣さんは、次のように言っている。

（アスペルガー症候群は――引用者注）いまの社会だからこそ「障害」化したとも言えないでしょうか。昔だったら関係の発達に少しぐらい遅れても、一徹で変わり者だが腕はひとかどの職人、人づきあいは悪いが海や畑で黙々と働く漁師や農夫とか、生きる場所がたくさんありました。知力に長けていれば学者とか。社会性に欠けている面があっても、職人とはそうしたもの、学者とはそうしたもの、と承認されていましたね。第一次産業（農林水産）や第二次産業（製造）が社会の基幹、下部構造だった時代には、対人能力をそんなに要求されずに労働や生活ができる場がたくさんありました。（中略）

ところが現代では第三次産業（消費サービス）を中心に社会がまわっていますでしょう。そのため、高い社会性、対人能力がだれに対しても求められるようになったのです。（中略）こうした社会では、わずかな関係のおくれも失調や問題性として炙りだされるでしょう。

（滝川一廣『「こころ」の本質とは何か』2004）

引用ばかりになってしまうが、もうひとり、発達心理学を批判している浜田寿美男さんへのインタビューから引用したい。

——学校のあり方と発達障害とは関係していますか？

おおいに関係しています。昔から学校はあったわけですが、昔は、子どもにとって、学校は生活のなかの一部分、サブでしかなかった。地域や家庭の生活が軸で、子どもたちは家庭のなかで労働することを求められたし、地域のなかで共同体をつくることを求められた。そこに学校もあった。昔は勉強できてもできなくても、出た先はいっしょでしたから、生活に役立てばよかったんです。

ところが今や高校進学率が１００％近くで、それがぜんぶ輪切りにされていて、どこの高校に行くかによって自分の人生が決定されかねないという感覚を子どもも親も持っている。学校で身につける能力が、生活のなかでどう役立つかではなく、能力そのものとして試され、そこに乗っていかないと、今の貨幣経済社会のなかで生きていけないような話になっている。だから、すごく微細のところでの差異を気にする。全体のなかで自分がどこに位置づいているか。偏差値の発想ってそうですよね。

最近、子どもの事件が起きるたびに、子どもたちがバーチャルの世界でどうのと騒がれますが、学校ほどバーチャルな場所はないわけです（笑）。力だけをゲームみたいに高めて。ところが、そのバーチャルな世界での競争が現実の将来を決めると意識されている。こんな世界をはみだしてくる人がいるのは当然です。その人たちに対して、はみださないようにがんばりましょうと支援されても、問題解決にはならない。

（『Fonte』169号／2005年5月1日）

いまの社会では、コミュニケーションや関係性まで能力として売っていかないといけないのだから、商品化に適さないコミュニケーションの仕方や関係のあり方は、「障害」として問題にされてしまう。ほんとうに、コマゴマとして息苦しい社会だ。荒木さんの言うように、いまの社会は、誰にとっても生きづらい社会にちがいない。不登校やひきこもりと同じく、発達障害というのも、当事者の問題に閉じこめるのではなく、そこから社会のあり方を問い直していく必要がある問題だろう。

ガマンの力学変化

時代が進むほど、個人も社会もどんどん豊かになっていくという時代感覚はなくなった。となると、そこで問題となるのは、これまで多くの人が必死になってがんばってきたことの意味は何なのか、何のためのガマン大会なのか、ということだ。先にも触れたが、ガマン大会ができたのは、「将来のため」ということが信じられていたからだ。それは自分ががんばれば社会が豊かになるという「希望」ともあいまっていただろう。自分が「学力」

をつけて、いい学校、いいカイシャに入ることが、社会が豊かになることにもつながっている。そういうムードが少し前までの社会にはあった。ところが、あらゆる面でそういうことが通用しなくなってくると、このガマンは何のためかわからなくなる。１９７５年から30年近くにわたって不登校が雪だるま式に増え続けた一因には、ガマンの力学が弱まったからということもあるだろう。「近ごろの子ども（若者）はガマンができない」「忍耐力がなくなった」とか言うけれども、何のためかわからないガマンができないのは当然で、むしろ、こういう状況なのによくガマンしているよな、と思う。

ところで、不登校の数は、２００２年度からの4年間、微減していた。それまでの27年間、一直線に増え続けたのが微減に転じたのだが、この理由がよくわからない。ひとつには、２００３年に発表された文部科学省の報告の影響ではないかとの見方もある。２００３年３月、文科省は、これまでは不登校を容認しすぎたなどとして、早期発見・早期対応を呼びかける報告書をまとめたのだ。それと前後して、各自治体は不登校削減を数値目標に掲げた政策を打ち出した[8]。その結果、登校圧力が強まったのはたしかのように思える。

ところが、２００６年度から再び増加に転じ、2年連続で増加している。２００６年秋にはいじめ自殺報道が相次ぎ、世論でも「いじめで自殺するくらいなら、学校に行かないほうがいい」という声があがった。文科省は、不登校増加の原因のひとつに、こうした世論の影響をあげたが、だとすれば、この数年間は、実態としては不登校数は増加するはずだったのに、無理に数だけ減らそうとするあまり、いじめられていても無理に登校していた子どもが多くいた、ということになる。まったく、とんでもない話だ。

しかし、その前の27年間だって、学校は躍起になって不登校を減らそうとしてきたわけで、むしろいまよりも登校圧力は強かっただろう。ほんとうに、登校圧力だけで不登校の数は減るだろうか？　そのあたりが、ちょっと腑に落ちないものがあった。そして、当てずっぽうの推測でしかないけれども、こんな仮説を考えてみた。

２００６年は、小泉政権から安倍政権に変わった年だった。小泉政権下では「聖域なき構造改革は痛みをともなう改革だが、がんばって耐えれば景気が回復する」と流布されてきた。ところが、それはムードばかりで、実際には格差が拡大し、戦後最長の景気拡大と言いながらも、大多数は、むしろどんどん不安定になり、貧困も拡大してきた。小泉改革というムードが消えたとたん、その「改革の影の側面」がクローズアップされ、痛みをガマンしても、それが一部の富裕層のためのガマンでしかないことが明らかになったのだ。

小泉政権が誕生したのは２００１年。その翌年から不登校の数が微減に転じたのだから、不登校微減の時期は小泉政権と時期を同じくするのだ。小泉政権下では、いっときガマンすれば「希望」があるように思えたから、ガマンの力学が強まって、不登校の数にも影響した、とは言えないだろうか？　そして、その幻想のベールがはがれて、不登校数は再び増加に転じた。こじつけの仮説にすぎないけど、そういう影響もあるかもしれないと思っている。

みんなが「不登校」

いずれにしても、「学校に行きさえすれば安心」という信仰が大きく揺らいでいるのはたしかだ。かつて、みんなが「学校に行きさえすれば安心」と思っていた時代に、学校に行かなくなるということは、すごくタイヘンなことだった。ところが、いまは「学校に行きさえすれば安心」という感覚は大きく崩れて、みんなが不安に包まれている。それでも、ほかにどうしていいかわからないから、不安ゆえにみんなが学校にしがみついている。学校は、希望を求心力としていた時代から、不安を求心力とする時代になったと言えるかもしれない。

これは、言ってみれば、みんなが「不登校」状態になったようなものだ。学校という枠に守られていない不安にみんなが直面している。しかし、学歴が人生を保証してくれるかまったくわからなくても、大学進学率は上がり続けている。2007年8月発表の学校基本調査速報では、大学進学率は51%となり、初めて5割を超えた（格差拡大のなか、今後は下がるかもしれないが）。けれども、大学進学率が上がるほど、学歴の価値はインフレを起こすわけで、ますます不安は高まって、ほかの資格がほしくなる。そういう悪循環がある。なんだか不幸な構図だ。

これも商品と同じ動きではないだろうか？　家電やクルマを手に入れること自体が希望だった時代、産業化が進むほど幸せになると思えた時代は終わった。そうなると、希望を売るよりも、不安を売ることが増えてくる。病気への不安、農薬や添加物への不安、安全への不安――。そういうのを悪徳商法というんじゃないかと思うが、コマーシャルを見ていたって、どれほど不安をあおられていることかと思う。ガン保険を勧めるアヒルさんとか、口のなかの細菌がブキミに増殖するＣＧとか、あなたの家は臭いとか、パソコンがウィルスにやられているとか、例をあげればキリがない。

格差以前の不安

また、よく言われるように格差が拡大している。たしかに格差は問題にちがいない。現在の方向は明らかにまちがっているだろう。日雇い派遣で働いている若者など「ワーキングプア」の状態は、ほんとうにひどい。構造的に人が殺されているといっても過言ではない。

そういう意味では、少し前まで成り立っていた、中流層のゆとりが生み出したものは大きかったと言えるだろう。いろんな市民活動が成り立ってきたのも（不登校に関して言えばフリースクールなども）、中流層があったからだろうし、中流層の崩壊は、金銭の面だけではなく、私たちの生活をとても貧しくするにちがいない。しかし、格差社会を批判する側も、おカネで一元化された見方をしてはいないだろうか？　経済的な格差が問題なのはもちろんだが、私たちの不安は、格差以前にあるように思う。

再び、イリイチを引用してみる。

> 産業化にともなって生じるこの無力感には、貧富のべつはありません。この種の貧困が支配しているところでは、人々は、まるで中毒にかかったように絶えず商品のにおいをかいで生活を送るのです。これが現代のわれわれに特有の貧困です。経済成長の影におおわれたところでは、どこでも職に就くか消費にたずさわらないかぎり、われわれは役立たずなのです。公認された専門家の手によらずに家を建てたり、死体を埋葬しようとすることは無政府主義的な傲慢とみなされます。われわれは自分のなかにある力を見失っています。外からの脅威と内からの不安に自信をもって対抗するという感覚を失っているのです。
>
> （イヴァン・イリイチ『生きる思想』１９９９）

おカネという一元化された尺度のなかでの格差を問題にするだけでは、問題は見えてこない。そもそも、私たちがおカネの尺度にのみこまれてしまったことにこそ、この不安の根源はあるのだ。

私たちがバテているワケは……

夏場、汗だくになって外を歩きまわって、クーラーのきいているお店なんかに入ると、ホッとする。でも、クーラーをきかせているということは、室内の暑い空気を外に出しているということで、そこら中のビルや家や電車から暑い空気が出されて、ますます外は暑く不快になっている。暑いから、よけいにクーラーをきかせる。そういう悪循環がある。そして、クーラーに慣れた身体は、自分で体温を調節する機能が鈍感になってしまって、夏バテしたり、おかしなことになっている。クーラーをふだん使っていない人なんかは、電車やお店が寒くて耐えられないほどだ。

学歴や資格で得られる安心感というのも、これと似たところはないだろうか？　学歴や資格で能力を証明してもらえば、社会的には有利なこともあるし、ホッとする。こういう社会だから、学歴や資格がないと生きていけないように思う。しかし、自分の不安をまぎらわすことはできても、社会の不安はどんどんふくらんでいくばかりで、自分自身も、自分の内側からの確信は揺らいでしまって、気づけば、なんだかバテている。

しかし、もともとは、経験さえあれば、学歴や資格なしでもできる仕事はたくさんあったのだ。働く人は、必要に応じて現場で学んでいた。仕事をするうえで大事なのは、個人特有の仕事上の体験、微妙な勘やコツなどで、それは数字では評価できないもの、検定や資格に反映できないものだった。職人さんの世界なんて、みんなそうだろう。いまは、個々の人間の判断よりも数値が優先されていて、経験はあっても資格を持たない人は排除されてしまう。多くのカイシャでは、人事測定にまでマークシートテストを導入していて、性格や個性まで偏差値化しているそうだ(9)……。

交換価値としての「学力」

また話があちこちにとんだが、「学力」の話に戻ろう。

結局、「学力」と世間で言われているものは、いわば学力の「交換価値」のことだ。学んだこと自体の価値ではなくて、学歴や就職と交換できる価値が重視されている。だから、どんなに経験や知識があっても、学歴や資格のように外部から証明されたものがないと価値にならない。しかも、その物差しが細分化されていて、学校やカイシャという箱では安心できなくなって、底なしの不安に直面している。

結局、「学力」とは商品価値のことだ。おカネがないと生活していけない社会のなかで、自分を商品として売らないと生きていけない社会になっている。だから、少しでも高く自分を買ってもらうために、みんなが必死になっている。私たちの不安の根本は、人間が商品としてしか生きていけないことにあるのだろう。

生活・労働と結びついた学び

そもそも、学校での学びは、〈生活〉〈働く〉〈学ぶ〉がバラバラになってしまったことに問題があるのだろう。だとすれば、教育社会学者の本田由紀さんがくり返し説いているように、学校での学びをもっと生活や労働と結びついたものにしていくということも大事なことだろう。たとえば、本田さんは次のように話している。

そもそも日本の教育は、教育と労働とのレリヴァンスが欠けているという側面があります。レリヴァンスとは直訳すると「意義」、広義には「つながり」という意味を含んでいます。従来の学校と会社組織のあいだに内容的なレリヴァンスは必要ありませんでした。しかし、不況や社会構造の変化にともない、今後は教える内容と労働とのレリヴァンスをきちんと持たせていく責務があるだろうと思います。もちろん、有権者、消費者、家庭人、といった市民生活面とのレリヴァンスも必要です。そうしないかぎり、若者は常に雇う側・企業側に生殺与奪の権利を奪われた状態に置かれることを意味するからです。

こうした状況に対して、若者の声や運動がもっと大々的に怒っていいと思いますし、それぞれの活動がゆるやかにつながりながら、力強いうねりとなっていくことが肝要だと感じています。

（『Fonte』２１７号／２００７年5月1日）

かつては、いい学校に入りさえすれば、いいカイシャに入れた。それは箱から箱へというつながりで、中身のつながりではなかったわけだ。しかし、いまや、それが成り立たなくなってきているのだから、もっと働くことの内容と学ぶ内容が結びついていかないといけない、ということだろう。さらには、生活と労働、生活と教育のレリヴァンスも必要で、バラバラになった私たちの働き方、暮らし方を根本的に見直すことが必要なんだろうと思う。

〝トトロの森〟の価値は？

ある日、新聞を読んでいたら、「〝トトロの森〟がピンチ」という記事が出ていた（『朝日新聞』２００７年8月14日）。映画『となりのトトロ』のモデルになったという、東京都と埼玉県にまたがる雑木林が宅地開発されかかったのだ。その雑木林は、監督の宮崎駿さんらが東村山市に公有地として買ってもらおうと働きかけていた土地だったが、東村山市と不動産業者の交渉が難航し、開発が進みかけた。その後の記事（『朝日新聞』２００7年9月14日）で、東村山市による公有地化が決まったとの報道があったが、マスコミで明るみに出なければ、あるいは宮崎駿さんという有名人が関わっていなければ、宅地化が進んでいたにちがいない。

ただの雑木林には商品価値はない。〝トトロの森〟といったら観光資源になりそうな気もするが、たぶん宮崎アニメのテーマパークにでもしなければ、おカネの価値は生み出さないのだろう。しかし、宅地にしてしまったら、おカネにはなり得ない価値が失われてしまう。たとえば、森に入ったときに感じる静かなさざめき。その無限の豊かさ――。おカネの価値だけでしか物事を考えられないと、そういう価値は見えてこない。

おカネの価値を増やそうとすればするほど、それと引き替えに失うものがある。それは、私たちが体感的に知っていることだ。たとえばマンガ家やミュージシャンが、デビュー当初は雑多なエネルギーを持っていてすごくおもしろかったのに、売れるほどつまらなくなるなんてことは、よくある。学力についてだって、きっと同じだろう。交換価値としての「学力」を高めれば高めるほど、学ぶことの喜びを失っている。そういう視点から見れば、学校に行かなくなった人の「学力」を心配するより、学校に行き続けている人の学力を心配したほうがいい。

自分の力を自分に

自然を開発することが環境破壊でもあるように、自分を開発することも自分を破壊している面があるのではないだろうか？　都会に緑がなくなれば息苦しいように、自分自身も、開発ばかりされていたら息苦しい。もし地球温暖化が現在の文明への自然からのノーサインだとするならば、不登校やひきこもりも、身体の内側からのノーサインだろう。心身の病気だって、同じことが言えるかもしれない。地球を冷やそうとがんばってみたところで、対症療法では何もできない。できることは、ノーサインに耳を傾け、自分たちのあり方を変えることだ。

開発されて傷ついた自然がノーサインを出して自分の生命を取り戻そうとしているように、私たちも、自分の力を自分に取り戻さなければいけない。

第2章

社会性って何だ？

社会性って何だ？

さて、不登校になって不安に思われることのもうひとつは「社会性」だった。う〜ん、「学力」よりも難しそうだ。難しそうなので、まずは『広辞苑（第五版）』を見てみよう。

【社会性】
①（sociality）ある社会に固有の性質。
②（sociabilité〔フランス〕）集団をつくって生活しようとする人間の根本性質。本能的なものと考える説がある。社交性。
③社会全般に関連する性質。「—を持った芸術作品」

ここで問題にされるのは②の意味だろう。『広辞苑』は、社会性は「人間の根本性質」だと言い、本能説まで紹介している。本能だとしたら、何も不安がることはない。本能のおもむくにまかせておけばいいはずだ。『広辞苑』の保証つきです、みなさん心配するのはやめましょう。

……とはいかないか。これでは私自身、なんだか腑に落ちない。社会性というからには、社会のあり方によって変わるものだろう。そこでまた、ない知恵を絞って、日本の近代社会のあり方からその移り変わりを考えることで、ちょっと考えてみたいと思う。

日本に社会はない？

阿部謹也という学者さんがくり返し言っていたが、日本には「社会」がなくて、あるのは「世間」だそうだ。まず「社会」という日本語自体、明治時代の翻訳語で、つまり江戸時代以前には「社会」はなかったのだ。それが証拠に、ことわざや常套句には「世間」はたくさん出てくるのに、「社会」は出てこない。たとえば、世間体が悪い、世間を騒がす、世間知らず、渡る世間に鬼はなし、世間話、世間並み——いずれも「社会」には置き換え不能に思える。「世間話」のことを「社会話」なんて言ったら、なにかクソマジメな時事問題を話しているみたいに思えるし、「渡る社会に鬼はなし」なんて言うのも、なんか具合が悪い。逆に言えば、「社会を変えよう」とは言うけど、「世間を変えよう」とは言わない。それに、「社会性」という言葉はあっても、「世間性」とは言わないだろう。世間というのは、空気のように自然なものと思われている。よく政治家やカイシャの社長なんかが不祥事を起こすと「世間を騒がせた」といっておわびしているけれども、あれは翻訳不可能のフレーズのようだ。

日本では、「世間」のなかにいるかぎり、ある意味で親しさがあり、安心感がある。しかし、そのぶん「世間」から外れてしまうことは大きな問題になる。阿部さんは、「他人」

という言葉も、その雰囲気を伝える外国語はないと言っていた。身内のあいだでは、かなりのわがままがきく。しかし他人となると、非常につめたい。そういう目に見えないコードが日本にはある。2004年に起きた日本人3人のイラク人質事件のときの大騒ぎなどは、「世間」の恐ろしさをイヤというほど感じさせる出来事だった。

そして、日本ではカイシャや学校がそのまま「世間」になっていて、多くの人が「世間」に自分を一体化させてきた。そこには「社会」と「個人」の関係のような緊張関係はない。「世間」は、もっとべったりと一体化したもので、その中にいるかぎり、対象化して捉えることが難しいものだ。

日本で「社会性」というとき、じつは「世間」でうまくやっていくことを意味してきたと言えるだろう。つまり、学校やカイシャから村八分にされないよう、同調圧力のなかで、場の空気を読んで、目立たず、カドを立てないように過ごすこと。下手に個人として自立していたら、日本ではすごく生きにくい。日本社会（世間）で生きていくには、自立していたらいけないのだ。

ちなみに、「個人」という言葉も翻訳語で、明治17年（1884年）ごろに登場したらしい。「社会」は、それより7年前の明治10年に登場したというから、日本では、個人より先に社会が誕生していたことになる……。

学校・カイシャ・家庭

近代社会というのは、地縁や血縁で結びついた共同体がバラバラになるなかで、そのバラバラになった個人がつくりあげる社会のことだ。しかし、日本の場合、古い共同体が壊れるなかで、学校とカイシャが、その共同体を丸飲みにするようなかたちで近代化してきた。子ども時代は学校に、オトナになるとカイシャへ、箱から箱へ移るようになっていて、そこに家族が組み込まれていた。カイシャと学校と家族。この三位一体セットで、一時期はわりとうまくいっていたのだろう。そういう意味では、明治以降の「社会」にも、「個人」はいなかったと言える。

戦後の一時期は、終身雇用・年功序列が成り立って、多くの男性にとっては、カイシャ＝人生というのが当たり前の人生だった。ひとつのカイシャに勤め続けるほど有利で、カイシャ＝社会という世界。働くのはカイシャ、飲みの行くのもカイシャの仲間とで、休日は家族と過ごす（休日もセッタイなんて人もいるだろうけど）。カイシャと家族以外の人間関係はゼロに近い。あえて言うなら学校時代の友人だけ。

じゃあ女性はといえば、そういうカイシャ人間の男性の収入（一家の大黒柱！）を頼りに、〝専業主婦〟として生きるというのがスタンダードだった。しかし、それも戦後の高度経済成長期に一般化した現象のようだから、そんなに古い話ではない。地縁・血縁的な共同体が壊れていくなかで、カイシャが男性を丸飲みにして、学校が子どもを丸飲みにして、女性は家庭に位置づけられた、ということだろう。

子どもの生きる世界も、どんどん学校に吸収されてしまった。ベンキョーするのも学校で、遊ぶのも学校の仲間と、あとは習い事や塾（≒学校）があって、残された時間は家庭で過ごすはずだが、下手をすると家庭のなかにも学校的な視線はどんどん入ってきて、やれベンキョーしろだのなんの、休日のないサラリーマンみたいになってしまう。

そういう性差によって分けへだてられた社会のなかでは、男性にとって、〈学校→カイシャ〉というルートはより重要になっていて、女性にとってはケッコンが一番の重要問題になっていた、と言える。だから、不登校は男の子において、より深刻に捉えられやすく、一方で女性には「学校に行かないとケッコンできない」なんてこともまことしやかに言われていた（いる?）。言うまでもなく、実際には学校に行っていなくても結婚している人はたくさんいるし、学校に行っていても結婚していない人はたくさんいるが、学歴が結婚まで左右するというのはいまでも事実だろう。つまり、こういう構図ができていた。

・男性　カイシャ＝社会
・女性　家庭＝社会
・子ども　学校＝社会
（以上）＝世間

だから、男性にとっては少しでもいいカイシャに入ることが経済的な問題だけではなくてその人の人生を決定する一大事になるし、女性にとってはケッコンが一大事、子どもにとっては学校が一大事、ということになる。「学校に行かなくなると社会性が身につかない」というのは、学校的な集団のあり方のみを社会性だと見なしているからだし、大ざっぱに言えば、それは一時期までのカイシャのあり方とは一致していた。

だから、「学校に行かないと、将来、自立できない」なんて言われるが、その自立というのは、実際には学校からカイシャという〝箱〟に入ることで、それはある時期はあまりに自明のことになっていたから、多くの人は疑わなかったけれども、カイシャ＝社会の人が自立しているかといえば、カイシャに依存しているだけだとも言える。とくに家事において、まったく自立できていないオヤジが多いことは、つとに嘆かれてきたことだろう。

全面的に同化してきた結果……

これを、「自分」というものをどう位置づけるか、アイデンティティの根拠をどこに置くかという問題として考えてみたい。

学校とカイシャが子どもとオトナ（男性）の居場所を全面的に吸収してしまった。だから、学校に行かなくなったり、カイシャをクビになったりすることは、めちゃくちゃタイヘンなことになる。たんに「学力」の問題でもないし、稼ぎの問題でもない。その人の人生が根こそぎ奪われてしまうような一大事になってしまう。

1999年、ブリヂストンのリストラ策に抗議して、社員が社長室で割腹自殺するという事件があった。自殺した社員の抗議声明には「入社以来30有余年、ブリヂストンと運命共同体として寝食を忘れ、家庭を顧みる暇なく働き、会社を支えてきた従業員の結晶が今日のブリヂストンを築き上げた」とあり、多くの従業員が定年前にリストラされることに抗議している。この男性のように抗議の意志を表明しなくとも、人生のすべてをつぎ込んだカイシャに裏切られ、自殺に追い込まれた人は数少なくないにちがいない。

そういうことが起きるのは、カイシャ＝社会だからだと言えるだろう。子どもと学校の関係で言えば、いじめ自殺も同じ問題だと言える。学校だけが社会になっていれば、そこに居られなくなったとき、残された道は死しかなくなる。「いのちを大切に」なんて呼びかけは空しいだけだ。

また、ケッコンした女性の場合、たとえ夫にどんなに暴力をふるわれても、家庭のみが社会になっていれば、逃げることもできない。女性が経済的に自立しようと思っても、カイシャでは不当に低賃金のパート労働でしか働けないワケだから、女性は家庭に封じ込められてきたと言ってもいいだろう。それでも、ケッコンして（子どもを産んで）いる女性は一人前と見なされるが、ケッコンしていない女性は、ちょうど不登校になると〝人生オシマイ〟と思われるのと同じように、人生に失敗したかのように思われてきた。

日本では、子どもは学校に、男性はカイシャに、女性は家庭に、自分を全面的に同化しないと生きていけないような構造があって、そこから外れることは、自分のアイデンティティが根こそぎ奪われてしまうような危機になってしまうのだ。

いじめはモラルの問題じゃない

いじめについてもう少し言えば、逃げ場のない集団では、かならずいじめは起きるし、エスカレートする。しかも、何のためかわからないガマン大会をしているから、ガマン自体が自己目的化されて、ガマンしていないヤツが許せなくなったり、どこまでも均質であることを求められるから、ちょっとのちがいがいじめのネタになる。

学校が能力主義で人を序列化していることにも構造的な問題はあるだろう。親も教師も、能力によって人を選別しているのだから、平等はタテマエでしかないとみんな知っている。生徒会も、ホームルームも、読書感想文も、タテマエが〝正解〟としてあって、それに要領よく答えておけばいいと知っている。オトナの「いじめはいけない」なんて説教は空しいだけだ。

弁護士の大平光代さんは、『不登校新聞』のインタビューに応えて、次のように語っていた。

いじめられていたことは、先生にも親にも言うことができなくて、最初はカゼだとウソを言って休んでいたんです。だけど、何も症状はないわけだし、すぐウソだとわかってしまいました。母は、学校に行って事情を聞いてくるというし、どうしても言わなければならない状況になって、母にいじめのことを伝えたんですね。そしたら、両親とも『なんでうちの子がいじめられなあかんのや』と、すごく怒って、学校に抗議しに行ったんです。その時点で、私は置き去りでした。つまりは、親自身の怒りだったんだと思います。しばらくして、先生から『解決した』と電話がかかってきました。『何が解決したのか』と思いながらも学校に行くと、主犯格の子と職員室で握手をさせられた。『何もわかってないんやな』と思いましたね。先生はそれで満足していたけれども、逆に、いじめは悪化しました。それからは、もう誰にも何も言うまいと思いました。

（「子どもの苦しさをわかってほしい」／全国不登校新聞社編『この人が語る不登校』２００２所収）

こうして読むと、オトナたちの鈍感さにゾッとする。しかし、オトナはこうした鈍感さで身を固めていることが多い。そういう鈍感さに対して、子どもはさめきっていると思う。もうひとつ、民俗学者の赤坂憲雄さんが書いた『排除の現象学』から引用したい。現在は文庫本で読めるが、もともとは1986年に刊行された本で、80年代の状況を描いている。すでに20年も前から、こういう指摘があったのだ。

学校は、あきらかな差異をもった子どもを排除することによって、かぎりなく閉ざされた均質的時空を形成しているのだ。言葉をかえれば、学校という場から周到に、異質なるもの、偏奇したもの、不透明なものがとりのぞかれている。

そこには、もはや絶対的な、また可視的な差異は存在しない。差異の喪失という状況。学校がこれほどまでに激越な競争原理に貫かれる社会になったのは、じつは絶対的な差異によって隔てられていない子どもたちによる、微細な差異の競い合いのゲームがそこに演じられているからである。偏差値という、微細な差異をできるかぎり押し広げ資格化する道具が有効性を発揮し、もてはやされる。

それゆえ、たえざる差異の逆転・置換という移ろいやすい状況を負わされた子どもたちは、あらゆる役割関係を固定的に維持することができず、いわばたがいに分身として振る舞わざるを得ない。いじめる＝いじめられる関係もその例外ではない。今日のいじめっ子は明日のいじめられっ子であるかもしれぬ、不安にみちた差異の喪失状況のなかで、子どもたちの誰もが相互暴力におびやかされ、翻弄されている。

（赤坂憲雄『排除の現象学』１９８６）

結局、いまの社会構造であるかぎり、いじめがなくなることはない。それを子どものモラルの問題として扱うのは、まったく転倒した見方だ。

２００６年秋に、いじめ自殺報道が相次いだことを受けて、伊吹文明文部科学大臣（当時）は次のような「お願い」を発表した。

未来のある君たちへ

弱いたちばの友だちや同級生をいじめるのは、はずかしいこと。

仲間といっしょに友だちをいじめるのは、ひきょうなこと。

君たちもいじめられるたちばになることもあるんだよ。後になって、なぜあんなはずかしいことをしたのだろう、ばかだったなあと思うより、今、やっているいじめをすぐにやめよう。

○　○　○

いじめられて苦しんでいる君は、けっして一人ぼっちじゃないんだよ。

お父さん、お母さん、おじいちゃん、おばあちゃん、きょうだい、学校の先生、学校や近所の友達、だれにでもいいから、はずかしがらず、一人でくるしまず、いじめられていることを話すゆうきをもとう。話せば楽になるからね。きっとみんなが助けてくれる。

平成十八年十一月十七日
文部科学大臣　伊吹　文明

こんなメッセージが子どもに響くわけはない。「君たちもいじめられるたちばになることもある」からこそ、いじめは起きているのだ。オトナに助けを求めるよう呼びかけてもいるが、こんな鈍感なオトナには絶望するだけだろう。

くり返せば、いじめは構造的に生み出されている問題だ。いまの社会構造や学校のあり方に対するサインのひとつと言ってもいい。オトナに求められるのは、このサインから自分たちを問い直すことだ。そういう作業を抜きにして、子どもの問題として語る厚顔無恥なマネは、慎むべきだろう。

家庭だけが居場所？

さて、アイデンティティの問題に戻ると、家庭はどういう場だったのだろうか？　学校やカイシャでは、競争が激しくて、「自分」は成績や評価で常に値踏みされている。しかも、その評価の基準は学力やおカネで一元化されているから、すごく苦しい。学校やカイシャでの成績によって、その人の人格まで規定されているような感じになっている。

人々の行き場が根こそぎ学校やカイシャに吸収されてしまって、しかも、その学校やカイシャが居場所としての機能を失っていくなかで、家庭だけが、評価や値踏みの視線と関係なく、〝ありのまま〟の自分を受けとめてくれる場所として求められてきた。もちろん実際には、家も居場所じゃないという人はたくさんいるにちがいないが、そういう社会構造的な力学のなかで、〝居場所〟の役割が家庭に求められてきたことはたしかだと思う。だから、家族のなかでも、とりわけ母親はタイヘンになってしまう。

「オレはカイシャで必死に働いて家族を養っているんだから、子どもや家庭のことはオマエの責任だ」みたいなセリフ、いまでも言っている男性はいそうだが、こうなると母親はタイヘンだ。カイシャの業績や収入のことに責任を持つほうが、子どもの人格や将来に責任を持つよりは、はるかにラクではないだろうか？　そんな責任、背負えるはずがない。子どもは、もともとは、いろんな人のつながりのなかで育ってきたはずだ。そういうつながりを壊したうえで、核家族の、しかも母親のみに任せるなんて、ムチャに決まっている。

そして、とくに男の子は〈いい学校→いいカイシャ〉が成功とみられていたわけで、母親は〝教育ママ〟になることで〝責任〟を果たそうとする。そういう力学のなかで、母親は子育てにアイデンティティを依拠してきた面が強いように思う。だから、子どもが不登校になったりしたら、母親もタイヘンなのだ。周囲からは陰に陽に責められるし、自分の存在を根本から問い直されることにもなるのだから。それに、子どもが学校に行かなくなると、母親も地域の関係から孤立してしまいがちだ。親の会が重要なのは、地域では孤立してしまいがちな親どうしが集まり、価値観の問い直しを共有できるところにあるのだと思う。孤立しきったなかでは、なかなか価値観の問い直しは難しい。

しかし、言うまでもなく、いちばんタイヘンなのは子どもだ。オトナは、平日の昼間に出歩いていても奇異の目で見られることはないが、子どもが外を出歩いていたら、たちまち「今日学校は？」と不審に満ちた目で聞かれてしまう。子どもは、オトナ以上に地域から孤立してしまうと言えるし、子どもを家にひきこもらせているのは、地域の視線だとも言える。

最後の砦が……

子どもの時期に、ありのままの自分が受けとめられる場所というのは、絶対に必要であるにちがいない。社会から居場所がどんどんなくなるなかで、家庭は、いわば最後の砦になってきたと言える。しかし、その最後の砦もあやうくなっている。評論家の芹沢俊介さんは、家族に「教育という魔」が差し込むことによって、家庭が子どもを苦しめる場になっている、と指摘している。なぜなら、「ある」とか「いる」が保証されないかぎり人は生きていけないのに、それを保証すべき家族に「教育という魔」が差し込むことによって、その機能が失われてしまうからだ。家のなかで親からまで、成績や評価で値踏みされてしまったら、子どもは存在を根本から否定されてしまう。不登校やひきこもりというのは、そういう視線から逃れようとしているとも言えるが、それだけに、家族のあり方が根本から問われる事態だと言えるだろう。

たとえば、芹沢さんは近著のなかで次のように指摘している。

> 子どものよりよい学歴を目的に子育てをしているような家族が「教育家族」です。このような家族のなかでは、子どもはつねに他人と比較され、成績で人間の価値を決められるという苛酷な状況に置かれます。親の比較と評価のまなざしが子どもを殺すのです。
>
> （芹沢俊介『親殺し』２００８）

そして、近年になって増えているように思われる親殺し事件には、子殺しが先行していると指摘している。親によって存在論的に殺されてしまった子どもが、追いつめられた果てに家族を実際に殺す事件まで起こしている。あるいは、秋葉原の無差別殺傷事件にも同じ背景があると芹沢さんは分析している。教育家族の問題はここまで来てしまっているのかと、砂を噛むような思いを抱かざるを得ない。

クレヨンしんちゃん

同じ家族にしても、たとえば家のなかに居候がいるとか、親子以外の人がいたらラクだろうなと思う。TVアニメ『クレヨンしんちゃん』でも、ちょっと前まで〝むさえ〟というニートのおばがしんちゃんの家に居候していた。むさえは、いつもぐうたらして、姉の〝みさえ〟(しんちゃんの母親)に怒られてばかりだが、ああいう無用の人の存在価値は大きい。早期教育にあくせくしている同級生の〝風間くん〟に比べると、しんちゃんは幸せにちがいない。

しんちゃんを引き合いに出したので、もう少し言うと、よく『サザエさん』『ドラえもん』『クレヨンしんちゃん』などを比較して、家族のあり方を考える議論がある。サザエさんは核家族ではないし、波平さんが「父の威厳」を保っていて、ご近所関係も活発な「古きよき」家族。ドラえもんになると、みんな核家族でひとりっ子が多く、パパよりママの存在感が強い。ただ、学校の先生は威厳を保っているように見える。ところが、しんちゃんになると、親も幼稚園の先生たちも、そうとうに揺らいでいて、5歳児にそれを見抜かれている。きわめつきは『クレヨンしんちゃん　嵐を呼ぶモーレツ！オトナ帝国の逆襲』という映画で、この映画では、昭和レトロをなつかしむ大人たちが子どもを捨てて「20世紀博」というテーマパークに閉じこもってしまい、それをしんちゃんたちが助けだすというストーリーになっている。親や大人のウソくささ、家族を維持しているものの希薄さを痛烈に描きながら、それでも最後は家族愛でまとまって大団円になるのだが、そこでもっと家族以外にも開かれたかたちの展望になっていたらいいのに、と思う。

家族信仰？

「学校信仰」や「カイシャ信仰」が人々を追いつめてきたように、「家族信仰」も人々を追いつめてきた。「家族信仰」を私たちは問い直さなければならないのではないか。フェミニズムが明らかにしてきたように、いまの家族のあり方も社会的に構築されてきたもので、絶対的なものではない。家族をヘンに幻想化するのではなく、もっと風通しのよいあり方を模索する必要があるにちがいない。

再び芹沢俊介さんの著作を参照すると、芹沢さんは近著『もういちど親子になりたい』のなかで、里親・里子の関係をもとに、「親子になる」ということを問い直している。血縁関係の親子が「親子である」のに対し、里親・里子関係は「親子になる」ことが必要だ。しかし、そのことがかえって親子にとって絶対に必要なことを浮かび上がらせている。それは、親が子どもを根源的に受けとめる存在であること、だ。そして、それが血縁関係にはかぎらないこと、里親・里子の場合、かえって血縁関係に安住できないことで、自覚的に関係を結ぶことができていることを示している。

グループホームにおいて、保母と子どもの関係を「ママ」と子の関係になぞらえるという養育方法をとったとき、直面せざるを得ない大きな壁があります。養育を家庭のそれに近づけようとすればするほど、自分たちはほんとうの家族ではないという自覚に追い詰められるという矛盾です。

これは乗り越えられない壁でしょうか。〈親子になる〉というテーマが挫折し、そこから引き返せざるを得ない、それほど大きな壁でしょうか。

「血は水よりも濃い」

親子きょうだいの関係は他人と比較できないくらい親和的であり、その絆は緊密であるという意味です。施設で暮らす子どもたちは、この「血は水よりも濃い」という関係を失った子どもたちです。

だとしたら養育者の目的は、子どもたちとの暮らしにおいて、「血よりも濃い水」を創造することなのです、と菅原哲男さん（養護施設「光の子どもの家」施設長）はいいます。

養育者である保母さんと子どもたちは、かえって家族ではないことの自覚をばねに、おなじホームに同居し、生活をともにする過程で一つに溶け合い、世界にたった一つの絆を形成するのです。ともに他人どうし、血のつながらない関係であるにもかかわらず、そこに血のつながりとは異なる、血のつながりと同等の、あるいはそれ以上の関係をつくり上げようとするのです。ここに養育ということの真髄をみる思いがするのはわたしだけでしょうか。

（芹沢俊介『もういちど親子になりたい』２００８）

フリースクールのスタッフのなかで、「親代わりはできない」と語られることがある。親に受けとめられてこなかった子どもが、それゆえに根本のところで不安で、その不安ゆえに、さまざまなかたちで、自分を受けとめてもらおうと、スタッフや周囲の大人に投げかけてくることがある。しかし、根源的に子どもの存在を受けとめるということは、生やさしいことではない。受けとめきれないまま、退会してしまうこともあるし、親に理解してもらおうと思っても、なかなか通じず、悪循環してしまうことも多い。それは、やりきれないほど歯がゆいことだ。

根源的な受けとめ手、人が生きていくうえでの基盤となるような「家族」。それは絶対に必要なもので、しかも簡単には組み替えのできない関係だろう。

しかし、その「家族」をめぐる状況は、変えていくことができるはずだ。

家族の外に居場所を

そもそも居場所が核家族にしかないというのは、おそろしく貧困な社会だ。社会からどんどん居場所が失われてきた結果、居場所が家族のみに求められているということがおかしいのだ。もっと家族以外の開かれた場所に、評価や値踏みとは関係のない居場所が必要なのにちがいない。

たとえば、知人にこういう人がいた。

彼女は小学校から学校に行っておらず、フリースクールなどに通うこともなく、家をベースにすごしていた。そして、彼女が通ったのは、家の近所にあった藤井寺球場だった。いまはなき近鉄バファローズの大ファンで、足しげく藤井寺球場に通う小学生の女の子に、応援団のおっちゃんらは「今日、学校は？」と聞くこともなく、むしろ「今日も来てんのか。えらいな」とほめたそうだ。

彼女は「私の学校は野球場だった」「学校とはちがう〝学校〟は、どこの社会でも教えてくれないことを教えてくれた」と語っていた。

学校とはまったくちがう目線。平日の昼間から野球の応援に来る、年齢も職業もさまざまな人たち。学校に通っていたら、出会うオトナは親か教師がほとんどで、価値観が平板だ。子ども時代から、もっとぐうたらなオヤジとか、経済価値のない趣味に没頭している人とか、いろんなオトナに出会えたらいいのにと、つくづく思う。

キレイな町並みには元気がない

再びスーパーにたとえると、スーパーというのは、すごく多種多量のモノが売られているのに、ちっとも生命の多様性を感じさせない場所だ。それと同じように、学校やカイシャも、多種多量の学校やカイシャがあるのに、まったく生命の多様性を感じさせない場所になっているのではないか？　人間が通っているのだから、もっと生命の多様性が感じられてもいいはずなのに、多様なようで一元化された社会になっている。それは、経済的に役立つ人間かどうかという価値観で一元化されているからだろう。「稼ぎもなくて飲んだくれだけど、いいオヤジだ」とか「できない子ほどかわいい」とか、そういう価値観は衰退する一方だ。

ちょうど町並みがどんどんキレイになって清潔になったぶん、なにか生命力を失ってしまったみたいに、なんだか人々から元気がなくなっている。海外に出かけて帰ってきた人なんかもよく「日本は元気がない」と口にしたりする。私自身、たとえば、インドやフィリピンのストリートチルドレンたちのまなざしに、とても活気や生命力を感じて、これは何なのだろうとずいぶん考えさせられたことがある。子どもたちは、経済的にも家庭環境的にも、どん底というよりほかない状況にあるのに、むしろ自分のほうが灰色な、くすんだ眼をしているように感じる。それは、インドやフィリピンの町並みが猥雑だけれども活気があるのといっしょで、雑多な生き方が混じり合うなかに、生命の多様性があるからなんじゃないかと、青臭いながら思ったりした。もちろん、インドやフィリピンは、日本をはじめとする先進国の搾取によって、開発されて貧困状態を強いられているわけで、そんな青臭い見方は恥ずかしくもあるのだけれど……。

妖怪の復活を！

ちょっと話がそれるようだが、妖怪学者（?）の小松和彦さんは、『Fonte』のインタビューで、次のように語っていた。

――妖怪が廃れたのはいつからでしょうか?

明治のはじめに、科学などの西洋文化が輸入され、おそらくすべての文化を近代化、つまり西洋化していこうとする時代でした。この「文明開化」のために、とくに撲滅すべきは「妖怪」でした。「迷信」「伝説」を信じていては開発ができません。

今でも、新しいものがよくて、古いものがダメだという考え方が根強いです。しかし、こうした進歩の過程でよいものも捨ててしまったのかもしれない。

人間は科学技術によって「わからないこと」「見えないこと」を照らし出して、はっきりとした社会をつくってきました。しかし、それはどこか陰影を欠くのっぺりとした日常が生み出されたとも言えます。もう一度、私たちがどんな方向に向かうべきかを考えるとき、想像力が必要です。日本人が一番、想像力を発揮してきたのは妖怪です。これまで、私たちは西洋とコミュニケーションをとり、自分たちに必要なことを模索してきました。それで、行き詰まったのだから、今度は妖怪とコミュニケーションをするのはどうでしょう。

（『Fonte』177号／2005年9月1日）

う～ん、最高だ！　妖怪とコミュニケーションするなんてワクワクしてしまう。とりあえず、妖怪が出没できるように、夜に闇を取り戻したらどうだろう？　少なくとも深夜は電灯を禁止して、丑三つ時は漆黒の闇にする——きっと妖怪が出てきてくれるにちがいない。

東アジア特有の問題？

このまま妖怪の話を続けたいところだが、話を戻そう。

学校は、世界各地で同じようにつくられ、学校のスタイルは世界共通になっている。カイシャも世界各地につくられ、カイシャのスタイルは世界共通になっている。しかし、こんなにも学校やカイシャが人を丸飲みにした国も少ないんじゃないだろうか？　たとえばキリスト教圏なんかでは、このバラバラからくる不安や個人のアイデンティティは、元来、唯一絶対の神が引き受けてきたのだろうし、ヨーロッパなんかだと、もっと階級社会が残っていたり、職人の組合みたいなのが残っていて、学校歴のみが社会で有効になるようなことはなかったという。だから、人々がアイデンティティを学校やカイシャだけに依拠することはない。学校はベンキョーするところだし、カイシャは個人が契約しておカネを稼ぐ場所にすぎない。〈いい学校→いいカイシャ〉という路線を目指すエリート階層もあれば、ハナから職人や労働者として生きようとする階層もある。良くも悪くも社会の構造が日本より複層的だ。海外のことはよくは知らないけれども、社長室で社員がサムライよろしく切腹したりするのは、日本ぐらいなんじゃないだろうか？　転職するのだって、たとえばアメリカでは32歳までに平均8回もするそうだ。学校のあり方を考えても、多様なあり方を構成している国はたくさんある。それは学校やカイシャが、人の人生を丸ごとのみこんだ場所ではないからだろう。

日本では、学校文化が社会をどんどん独占していった結果、ある意味では平等に見える社会をつくってきたと言える。学校に行きさえすれば、階層を上昇することができる。多くの人がそう信じたからこそ、学歴競争は過熱したのだろう。しかし、一方では、学校を外れてしまうと、その人を支える文化がないということにもなった。日本は、おそらく他国と比べると、学校文化の独占度はきわめて高いのだと思う。だから、学校に行かなくなると、すごく孤立してしまうのだ。

日本で通称「世界フリースクール大会」と呼んでいる、オルタナティブ教育関係者の国際大会があるが[10]、その場で日本の不登校の話をしても、ほとんど通じることはない。韓国とは状況が似ていて、かなり話は通じるが、ほかの国の人とではなかなか難しい。学校が画一的で一枚岩だということも、そこから外れると〝人生オシマイ〟と思われることも、ピンとはきてくれない。

そういう状況について、韓国の延世大学教授・趙恵貞《チョウヘジョン》さんは「東アジアの近代化の問題だ」と語っていた。東アジアでは、個人が自立して近代社会を構成したのではなくて、カイシャや学校という集団ごと、集団主義で近代化したのだ、と。それが他地域と比べて特殊なのかどうかは、私には不勉強でよくわからないが、実感として納得がいく気がした。

趙恵貞さんがこの話をしていたのは、2000年に「世界フリースクール大会」が日本で開催されたときだった。来日した趙さんが、どこかの施設でプールに入ろうとしたところ、ピーッと笛が鳴って、いっせいにみんながプールを出て休憩をはじめたそうだ。趙さんが「私はいま入ったところだから休憩の必要はない」と訴えても、係員はガンとして受け付けず、韓国と同じ集団主義を感じたそうだ。ちなみにウチの近所のプールでは、休憩の合図が鳴ると、いっせいにプールからあがったうえ、みんなでラジオ体操をしている。さすがに全員ではないけれど……。ほかの国のプールはどうなんでしょうね?

〝敗戦〟を迎えているはず

さて、不勉強に居直って、もう少し風呂敷を広げてみたい。

近代社会は、それまでの社会を壊して、まったく新しい仕組みにつくりかえることだった。それは先に見たように、それまでの身分制を壊して、学力を基準にした新しい社会をつくることでもあったが、〈国民〉として人々をまとめるということでもあった。武士でも農民でもなく、みんなが国民として平等。これはすごい変化にちがいない。もちろん実際には階層はあるし、差別もさまざまに根深くある。明治時代に中産階級を形成したのは、おもに武士階層の人たちだったようだし、「平等な国民」というのはイデオロギーにすぎないのだろうが、それでも、これが劇的な変化だったことはたしかだろう。

封建的で閉鎖的な近代以前の社会では、〈自分〉は身分や地縁・血縁に縛り付けられているから、アイデンティティなんて考えることはあまりない。それが近代化のなかでバラバラになって個人が自由になると、すごく不安で、何かで統合することが求められる。その不安を原動力に国民国家は成り立っているのだと思うが、日本の場合は、明治時代以降、天皇がその不安を一手に引き受け、唯一絶対的な「現人神」となって、国家を丸ごと大きな家族みたいにして近代化を乗り切ろうとしていたのだと思う。それが破滅的な事態を引き起こした結果、「現人神」は〝人間宣言〟したけれども、現在にいたるまで、その構図は根深く残っている。そして戦後は、天皇が〝人間宣言〟した代わりに、〝経済成長〟という神話で乗り切ろうとしてきたのだ。学校もカイシャも家族も、この神話でひとつにまとまってきた。しかし、先述したみたいに、それも限界にきていて、とっくに〝敗戦〟を迎えているはずだ。

対抗文化の問題？

これはきっと、対抗文化（カウンターカルチャー）の問題でもあるだろう。これまで子どもを学校へと駆り立ててきたのは、天皇や経済成長という神話＝〈大きな物語〉だった。日本の場合、これに対抗する文化が弱く、一億総動員されてきたような感があった。しかし、いまや、その〈大きな物語〉は失墜してしまって、みんながバラバラになっている。

もともと「世間」でしかなかった日本社会では、何事につけ、〝みんなといっしょ〟であることが重大事で、不登校も、〝みんなといっしょ〟でなくなるからこそ、生死に関わるほどの問題になってきたのだろう。学校の外に対抗文化があれば、もっと学校＝世間を相対化することもできたはずだ。

もっとも、ポール・ウィリスが『ハマータウンの野郎ども』（1985／原著は1977）[11]で明らかにしたように、学校文化に対抗する「反学校文化」（日本で言えばヤンキー文化みたいな感じ）を生きる子どもたちが、結局は下層労働に吸収され、社会システムを補完する結果になっているということもあるだろう。それでも、学校文化が独占している社会よりはずっとマシなように思える。一億総動員でモーレツに突っ走ったあげく、それを支えてきた神話が崩壊してしまったという意味では、まさしく現在は敗戦後と同じであるように思う。

フリースクールなども、対抗文化として機能してきた面はあるように思う。ところが、子どもを学校へと駆り立ててきた〈大きな物語〉が失墜すると、対抗文化としての磁場も弱まってしまったようなところがある。

精神科医の石川憲彦さんが、こんなことを言っていたことがある。

日本では、大人が自分に学歴がないというコンプレックスから、子どもを学校にやろうとしてきた。しかも、学校は、公務員・サラリーマン的な人間を育てることばかりを目指してきた。だから、子どもが、自分の生き方について考えることを早くに奪われてしまって、すごく狭いところに追い込まれている。しかし、いま、ようやく、大学の価値がなくなっていることを、親が感じ始めています。いまや大学の価値が保証されるのは、1割程度だけです。そうなると、高校進学の意味も変わる。本当は、そういう状況を先取りして、小中学校での教育の意味の見直しをしないといけないわけです。

戦後の学校は楽しかったと言いましたが、当時だって、大学進学率は1割程度でした。でも、当時は、残り9割のほうが仲間で、大学を目指すようなヤツは特殊だったんです。ところが、いまは、9割のほうに仲間意識がなくて、みんな不安で疑心暗鬼になっている。周囲を見て、必死に学校にしがみついてる状況です。

（『Fonte』200号／2006年8月15日）

大学の価値は、いまや信じられていない。いい学校に行けばいいカイシャに入れて、それで成功だとは、心の底では信じられていない。しかし、ほかに人々を支える価値観や文化がないから、大学進学率はいまだに上昇し続けているし、高学歴化志向はむしろ強まっている。しかし、信じていないものにしがみついているというのは、とってもしんどいことのように思う。

防波堤がない

いま、学校もカイシャも家族も、バラバラにほどけてきている。カイシャに勤めるといっても、いまや非正社員が3分の1を占めるわけで、とくに若い人では半分が非正社員という状況にある。終身雇用も年功序列も崩れ、多くの男性にとって、カイシャは全面的にアイデンティティを依拠できる場ではなくなっている。それだけに、かえって過剰にカイシャに自分を同一化して、過労死させられている正社員もいるが、いずれにしても、かつてのような安心感はなくなったと言える。

子どもにとっては、先に見たような状況のなかで、ガマンして学校に行く意味はわからないし、学校にさえ行けば安心とはとうてい思えない。

正社員が減っているということは、一家の大黒柱も減っているわけで、女性を家庭に閉じこめておくこともできない。それに、経済的（教育的）価値観が家庭のなかにも入ってきているから、家庭も居場所にはなりにくくなっている。人がありのままでいられる居場所の領域が家庭に閉じこめられていたことは大きな問題だが、その最後の砦さえもが浸食されてきている。

そうなると、とくに子どもや若者はタイヘンなことになってくる。底なしの不安があるのに、それを一手に吸収してきたカイシャや学校がもろくも崩れてしまって、しかも家庭にも居場所がないとしたら、不安はむきだしになる。底なしの不安が、なんの防波堤もなく、子どもや若者をのみこんでいる。

多くの人が、なんのためにベンキョーするのか、なんのために働くのか、もっと言えば、なんのために生きているのか、わからなくなっている。そして、この不安の津波のなかで、根こそぎ足下をさらわれてしまった人たちは、自分の存在意義やアイデンティティの拠り所を求めて、「お国のため」という目的で、自分を国家に結びつけることで一気に不安を解消したくなる。若者の右傾化とは、そういうことだろう。

先に、学校の求心力が〈希望〉から〈不安〉に代わったということを書いたけれども、国家の求心力にも同じことが言えないだろうか。経済成長という〈希望〉がリアリティを失って、国家は〈不安〉ゆえにしがみつくものになっている。しかし、国家にしがみついたところで、それで不安が解消されるどころか、ますます肥大していくことはまちがいない。そして、歴史が証明しているように、そういう不安を求心力とした国家は、とても危ない。

若者が野宿化する

冒頭に、子どもが学校に行かなくなると「ホームレスになるぞ」と脅されることも多いと書いたが、ある意味では、これは冗談として笑い飛ばせない面がある。20年にわたって大阪で野宿者支援活動を続ける生田武志さんは、いまの若者は野宿者と同じ状況に置かれつつあると指摘している。『Fonte』でのインタビューを引用したい。

――フリーター問題と野宿者問題はどうつながっていると？

不安定就労という点では完全に同じです。もともと派遣労働は完全に禁止されていて、釜ヶ崎だとか山谷のような〝寄せ場〟だけで黙認されていたんです。それが1986年に労働者派遣法ができて、99年の改正でほぼ完全に合法化されました。以後、不安定就労が定着して、日本全国が〝寄せ場〟化したと言えます。

ぼくは、〈国家〉〈資本〉〈家族〉の三極構造から野宿者問題が生まれていると考えてきました。まず、失業というのは〈資本〉＝会社から排除されることです。よく

「イスとりゲーム」にたとえるんですが、雇用というイスの数は限られていて、誰かが座ったら、誰かがはじかれる。本人の努力や意欲の問題ではまったくない。そして、失業しても〈家族〉の支えがあれば、あるいは生活保護など〈国家〉の福祉があれば、野宿せずにすむ。〈国家〉〈資本〉〈家族〉のいずれからも排除された結果が野宿なわけです。

フリーターが急増したのも、正社員の枠がどんどん減らされているからです。しかし、それだけじゃなくて、若者側の意識の変化もあると思います。〈国家〉〈資本〉〈家族〉から排除されるのが野宿者問題だとしたら、逆向きに内面の変化を考えると、〈国のため〉〈会社のため〉〈家族のため〉に働くということが崩れている。少し前までは当たり前だった「何のために働くのか」が、すごく疑わしくなっているわけです。

（中略）

日本の若者が野宿化しないですんでいるのは、家族が支えているからだと言えますが、これはどこかで破れて、一気に若者の野宿者が増えると思います。具体的には、いまのフリーター世代の親が亡くなるくらいでしょうね。

（『Fonte』225号／2007年9月1日）

よく知られているように、すでにこれは〝ネットカフェ難民〟や派遣社員の大量解雇といったかたちで問題が顕在化している。かつては野宿者に限定してしわ寄せされていた問題が、若者全体を直撃しはじめている。「学校に行かないとホームレスになるぞ」というのは、不登校・ホームレス双方への偏見に満ちた脅しにすぎないが、若者全体が貧困化してきているのは事実だろう。

ここでも、たんに経済的な貧困だけではなく、関係の貧困が大きな問題となっている。人が人を支える関係がズタズタになっていて、個々人がバラバラに、底なしの不安にのみこまれているのだ。

なお、このあたりについては、生田さんが『フリーターズフリー』という雑誌に掲載された「フリーター≒ニート≒ホームレス」という論文で、くわしく展開している。不登校やひきこもりについても、とても示唆に富んでおり、私自身、本稿を執筆するにあたって、ずいぶん影響を受けている。

〈野宿〉と〈ひきこもり〉をめぐる共通点

また、野宿者とひきこもりをめぐる状況には、似ているところがあるように思う。思いつくままに列挙してみれば、以下のように。

- 〈野宿〉〈ひきこもり〉をせざるを得ない社会状況があるにもかかわらず、その構造的問題を問わず、個人のヤル気の問題として扱われていること。
・構造的な問題は、この社会に生きるすべての人に共通の問題であるのに、一部の人のみの問題だと思いこまされていること。
・行政は当事者の「自立支援」をうたうが、当事者のニーズと決定的にズレていること。野宿者のために行政が用意した施設は不人気だし、ニート・ひきこもり対策として厚生労働省が打ち出した「若者自立塾」の２００７年度参加者は想定の４割未満だった。
・往々にして野宿者は公園などから〈排除〉され、ひきこもっている若者は自室から〈ひき出される〉が、〈排除〉〈ひき出し〉をしている側に、その後のビジョンが皆無であること。野宿者は、そもそも居場所がないから公園に居たわけで、排除されたところで行き場はない。ひきこもっている若者についても同じことが言える。求められるのは、当事者が居られる場所だ。
・〈排除〉〈ひき出し〉は、本質的に暴力であること。そして周囲の偏見から、その暴力が許されており、くり返されていること。
・暴力をふるう側が、〈善意〉でもって暴力を正当化していること。その暴力が、わずかに残された生存の場を奪うものであること。

まだ、ありそうだ。不登校、ひきこもり、ニート、野宿問題は、個人の努力の問題として扱われやすい。それが社会問題として認識しにくくさせている面があるように思うが、この点については、また後述したい。

強迫的な自己実現志向

社会のシステムが大きくなればなるほど、顔の見えない人との関係のなかで生きていくことになる。この不安も大きいように思う。おたがいに顔の見えている関係のなかだったら、たとえば家を建てるときに強度を弱くしたりできないし、たとえば食材をつくるときに、添加物や農薬のような、よくわからない白い粉を入れたりはできない。そして、そういう誰がつくったかわからない、ほんとうに安全かどうかわからない不安があるから、それを保証してくれるデータがほしくなる。先に賞味期限のことを書いたけれども、これも不安だからしがみつくデータだと言えるだろう。そしてしがみつくほど、自分の内側からの感覚が衰え、不安は増えていく。

このバラバラの不安感のなか、自分の存在が不確かになって、子どもや若い人は、なんとか自分の存在を実感しようとしているように思う。たとえば、〝何者かでなければならない〟というプレッシャーは、すごく強まっているように感じる。ミュージシャンだったり、声優だったり、イラストレーターだったり、作家だったり、そういう職業につきたいと語られるとき、何かひとかどの名声を得て自分を証明したいという気持ちがあって、それは、その仕事にあこがれるという面だけではなくて、自分の存在への不安から、強迫的に「自己実現」を求めている面があるように感じるのだ。サラリーマンになりたくないという気持ちは私にもあったが、それは、何のために働くのかが自明ではなくなったなかで、何か自分を没入できるものを求めていたからのようにも思う。もちろん、そういう志向自体は否定すべきものではないけれども、かえって苦しい場合もあるにちがいない。

あるいは自分を確認する手段として、ひたすら消費する、ということもあると思う。おカネをパーッと使っているときにだけ生きている気がする。でも、やっぱり空しくて、空しいからエスカレートして、どんどん消費する。どこまでいっても自分の存在の手応えが得られず、自分が空っぽな気がする。そして、消費すればするほど、自分を支えてくれる関係は衰えていく。景気を維持するには消費は不可欠だが、自分たちの生活を消費に置き換えていけばいくほど、不安は増している。

不安を売りわたすな

ほかにも、やたらと資格をとってみたり、ファッションやダイエットだったり、スピリチュアルブームだったり、いろんなかたちで、なんとか不安を解消したい、自分を確認したいという傾向は強まっていると思うが、どうやっても空しいばかりとなると、自分を確認する手段は、自分を傷つけることしかなくなる。あるいは、親を傷つけたり、飼っている動物を傷つけたり、他者を傷つけるということもあるだろう。でも、やっぱり傷つけても傷つけても、不安は解消されない。そして、最後には死に向かってジャンプしてしまう……。

私のささやかな経験からも、とくにこの数年で、子ども・若者がすごくキツくなっているなと感じる。リストカットや摂食障害が増え、精神科医療にかかってクスリを飲んでいる子どもがとても多い。惜しくも自殺してしまった人たちもいる。

こうした底なしの不安のなか、カウンセラーや精神科医療へのニーズは、かつてなく高まっているように思える。しかし、この底なしの不安を「心の専門家」に頼ることで解消しようとすることは、ますます自分たちの首を絞めていることにはならないだろうか。

『「心の専門家」はいらない』という著書のある小沢牧子さん（日本社会臨床学会運営委員）は、次のように言う。

わたしたちの社会は、ほとんどのものの商品化・サービス化を進めてきた。衣食住はもちろんのこと、身辺のトラブルに関することは弁護士に、子どもの生活は教育産業に、介護・介助は福祉サービスに、人の誕生から死までを医療に依存するようになっている。臓器・生命まで売り買いが進む。ラクな生活を手にした代わりに、その事態から私たちはしっぺ返しを受けてもいる。

　金銭で買わない、または商品化をためらってきたものが、ほんの少しだけ残っていた。それは私たちの生活の核の部分、つまり自分たちの気持ち、感情、また身辺の人々との関係の領域だった。性もそこに含まれる。足もとに、ほんの少し残る乾いた砂地、そこに波が及ぶことによって、私たちはまるごと運び去られ浮遊することになるだろう。「生きることは選び買うことなり」の事態の完成である。

（小沢牧子『「心の専門家」はいらない』２００２）


先にも少し書いたが、不安は商品になる。そして、商品を手に入れても不安は解消されないどころか、深まっていくばかりで、さらに商品がほしくなる。そういう悪徳商売に私たちはさらされている。しかし、いまの社会のなかで、不安を感じるのは当然だ。これは、私たちの内奥からのサインだろう。だから、私たちは自分の不安を売りわたしてはならないのだ。

もっと言えば、この苦しさは、問題が個人に矮小化され、意識を内面に向けさせられているからこそ生み出されているものだろう。小沢さんは、カウンセリングがそういう役割を果たしていると、くり返し批判している。

また、作家の雨宮処凛《あまみやかりん》さんは、次のように語っていた。

——生きづらさがテーマの著書が多いですね。

逆に生きづらさを感じなかった人のほうが信じられないですよ。だって、社会はじゅうぶんに矛盾だらけ。しかも、親も本人も「自分が悪い」と思わされてしまう。いまは理由もなく生きづらい、というのが当たり前の状況です。(中略)

私はひきこもりは労働を拒否して革命的に「立てこもり」をしている人だと思っています。不登校も教育制度を拒否しているすばらしい革命家。これだけ多くの人が社会に「見切り」をつけている。誰も指導者がいないのに、ずっと前から「社会への拒否」が拡がっています。そろそろ「こんな社会は崩壊しているんだ」とアピールしてもいい時期なのかなと思っています。これはけっして、当事者だけの問題ではないので、自分たちで言葉を獲得することだと思うんです。自分をがんじがらめにした怒りを、外部に向けた言葉にする。そうすれば、絶対に変えていけますよ。

(『Fonte』209号/2007年1月1日)

自分の生きづらさ、不安が社会構造的に生み出されていると認識できたとき、その不安や生きづらさは怒りへと転化する。そして怒りは、社会を変えていく力になる。

公害だ！

不登校が本人の問題ではなく、社会構造の問題であるように、子どもや若者の苦しさは、構造的に生み出されているものだ。それを「家庭の教育力」や「社会規範」の問題にして、少年法を厳罰化してみたり、教育基本法を改正してみたり、「若者自立塾」なんてバカげた政策に莫大な費用をつぎ込んだりしても、何の意味もないどころか、有害だ。こうした政策は根本的にまちがっている。マスコミでは、子どもや若者がおかしくなったかのような言説があふれている。しかし、問題を個人の責任に帰す政策や言説にまどわされず、私たちは、問題を社会に返上しなければいけない。

引き合いに出すのは不適切かもしれないが、いまの状況は水俣病を思い起こさせる。水俣病は、工場の垂れ流したメチル水銀が原因にもかかわらず、経済政策のために原因は見て見ぬふりをされ、あたかも患者本人の問題のようにされてきた。そして、そのことが被害を拡大させたのだ。

私たちは、ハッキリと言わなければいけない。いま、生み出されている子ども・若者の苦しさは公害なのだ、と。

くどいほど見てきたように、私たちは底なしの不安を抱えている。この津波のような不安をかろうじて支えてきたのが家族だろう。しかし、学校もカイシャも決壊しはじめたなか、この不安を家族だけで支えられるわけがない。もちろん家族は、〝ありのまま〟でいられる場所であるべきだ。子どもの存在を丸ごと引き受けられるのは、「親」しかいない。「親」が子どもの不登校やひきこもりをきっかけに自分の価値観を問い直すことは、ほかの人が代われるものではないだろう。しかし、家族だけで支えるには限界がある。それに、そもそも、社会から居場所が奪われてきて、家族にのみ居場所が閉じこめられてきたことがおかしいのだ。家族のみに押しつけられてきた〈居場所〉の役割を、社会に返上しなければならない。

外れたからこそ見えてくる地平

この章のテーマは、「社会性」だった。日本では、子どもは学校に、男性はカイシャに、女性は家庭に位置づけられて、そこが唯一の社会（世間）となって、〈自分〉を完全に同化しないと生きていけないような状況を続けてきた。だから、子どもが学校に行かなくなると、学力とともに社会性が心配されてきたのだ。しかし、それは社会性とは言えないだろう。あえて言うなら「世間性」だったのだ。しかも、学校もカイシャも家庭も大きく変容するなかで、従来の社会性は意味をなさなくなっている。

学校が子どもを、カイシャが男性を丸飲みにしてきたにもかかわらず、それが決壊してしまった結果、個々人はバラバラの「ホームレス」状態になっている。人を支えるものがバラバラにほどけてきているなかで、経済的な貧困だけではなく、関係が貧困化して、とくに子ども・若者にとって、とても生きづらい社会になっている。それをかろうじて支えているのが家族だが、家族だけが支えるのは、もう限界にきている。

この貧困は、たとえば野宿者が以前から直面してきた問題でもあるし、ある意味では不登校の当事者が直面してきた問題でもある。以前からあった問題が、社会全体に広がったということだろう。

この底なしの不安のなか、学校にしがみつくことも、カイシャにしがみつくことも、社会性とは言わない。いじめ自殺するまで学校に通い続けたり、過労死するまで働いたり、そういう悲劇はもうたくさんだ。

社会性を問題にするのなら、私たちに問われているのは、どういう社会を自分たちでつくっていけるか、どういう関係をつむいでいけるか、ということに尽きる。そして、そういう視野は、不安ゆえに学校やカイシャにしがみついているあいだは見えてこない。意識しているかどうかは別にして、そこから外れてしまったからこそ見えてくる地平がある。不登校、ひきこもり、ニート、フリーター、野宿者など、現象としては問題とされる状況のなかからこそ、可能性は見えてくるはずだ。

第3章

あらためて、不登校って何だ？

当事者運動の
現在地を考えてみる

オレも学校
行ってないんだよね

なまはげにゃ
学校もねえってさ

不登校って何だ？

ここまで不登校という言葉を無前提に使ってきたが、あらためて不登校とは何だろうか？　文部科学省は、次のように定義している。

何らかの心理的、情緒的、身体的あるいは社会的要因・背景により、登校しないあるいはしたくともできない状況にあるため年間30日以上欠席した者のうち、病気や経済的な理由による者を除いたもの。

（「今後の不登校への対応の在り方について」２００３）

要するに、明らかな病気や、明らかに経済的理由とわかる場合以外で、年間30日以上の欠席者ということだ。

文科省が毎年行なっている調査では、原因はさまざまに分類されている。学校での問題（いじめ、友人関係、教員との関係、学業不振、部活、校則など）、家庭の問題（親子関係、家庭不和、生活環境の急激な変化など）、本人の問題（あそび・非行、無気力、情緒混乱、意図的な拒否など）——。文科省は、不登校を早期に発見し、要因を見極めて適切な対応をすべきだ、と言っている。

しかし、ほんとうのところ、理由なんてよくわからないんじゃないだろうか？　不登校は、学校行政にとっては、もっともよくわからない、もっともやっかいな領域としてあるのだと思う。それに、そもそもこれらの分類は、教員が本人の承諾もなく、勝手に分類しているにすぎないのだ。

乱暴だが、かったるいので断言してしまいたい。不登校の理由なんて本人にも説明しがたいものだ。ましてや教員にわかるワケがない。文科省の報告書には「きめ細かい配慮」なんて言葉が再三出てくるが、正直に言って、これも気持ち悪い。なぜなら構造的な問題を問わずに、つまりは自分たちを問わずに相手を「配慮」しているからだ。「きめ細かい配慮」なんて無礼だ。

かつて児童精神科医の渡辺位《たかし》さんは、「腐ったものを食べれば下痢をする」と喝破した。私たちは、下痢になると症状ばかりを問題にしがちだが、下痢をするのは健康だからで、腐ったものを食べて下痢だけ止めたら身体は壊れてしまう。つまり、問うべきは「下痢」ではなく「腐ったもの」だ。

たとえば鳥インフルエンザにしても、狂牛病にしても、あれほど恐れられるのは、それが得体の知れないモノだからだろう。不登校も、理由がよくわからないのに「誰にでも起こりうる」なんて言われて、まるでウィルスのように恐れられてきたところがある。実際、「あの子と遊ぶと不登校がうつる」とか「兄弟で不登校がうつる」なんて言われることもある。しかし、たとえば鳥インフルエンザなんて、ウィルス感染で何十万羽も死んでしまうようなムチャクチャな飼い方をしていることのほうに問題があるにちがいない。ウィルスを特定してワクチンをつくったところで何の解決にもならないだろう。

あるいは、アレルギーというのも同じだと思う。私自身は目立ったアレルギー症状はないのだが（最近、花粉症がちょっとあやしい……）、息子が赤ちゃんのとき、「横綱級」と言われるほどのアトピー性皮膚炎だった。わずか生後半年ほどの赤ん坊が、身体中、炎症だらけの血まみれになってかゆがって、ふわふわだった髪の毛も抜けてしまって、親としていたたまれないものがあった。一刻も早く症状を治したいという思いもあったが、何より自分たちの生活スタイルを見直そうと、食生活や仕事の仕方や、いろんなことを考え直すことになった。それが正しかったかどうかはわからないが、結果的に、息子はステロイドなどをまったく使わず、皮膚炎はきれいに治って、いまは食べ物の制限もしていない。それは、たまたまなのかもしれないけれども、いずれにしても、アレルギーでも根本の問題は、私たちの生活や社会のあり方にあると思っている。

話がそれたが、何を言いたいかといえば、ここでは、不登校を分類化する見方は拒否したいのだ。現象はさまざまだとしても、不登校の中核は、現在の社会構造に対する生命の反応のひとつ、ということだろう。どんなに分類や分析をしてみても、そこからは何も見えてこない。むしろ分類化する見方を拒否し、生命の反応を素直に感じることこそ原点におかなければいけないと思うのだ。乱暴なようだが、ここでは、不登校をそのように措定したい[12]。

「誰にでも起こりうる」からこそ

不登校は、とかく個人の問題として捉えられやすい。それはなぜだろう？

たとえば、生まれながらの属性（民族、障害、性別など）による差別の場合は、社会問題として捉えられ、人権問題として語られることも多い。進学や就職が、属性ゆえに差別されることがあってはならないということは、少なくともタテマエとしては常識になっている（そこにいたるまでには、当事者による苦闘の歴史があったことは言うまでもない）。

しかし、能力によって人を序列化することの問題はどうだろう？　学校は、平等をうたいながら、厳然と人を能力によって振り分ける役割を果たしてきた。このとき、問われるのは競争の公平さだけだ。もちろん能力主義への批判もなされてきたが、ややもするとそれは、「どの子もがんばれば100点をとれる」といった、能力差を認めない観点だったのではないだろうか。能力主義では、学歴が獲得できなかったことも、その後の低賃金労働も、「自己責任」となってしまう。

また、生まれながらの属性による差別の場合、差別する側には、自分がその立場になることはないという前提がある。しかし、不登校の場合、「誰にでも起こりうる」からこそ恐れられてきたし、偏見や差別が生み出されてきた。そのうえ、当事者は「怠け」や「甘え」だと指弾されやすい。また、「指導」や「治療」で解決すると思われ、ずいぶんひどい人権侵害も行なわれてきた。そして、自分でも、自身のほうが悪いんだと思いこまされてしまう。それに加えて、不登校というのは、広く考えても学齢期にかぎってのことで、当事者が流動的だ。その後、学歴を身につける人もたくさんいるわけで、当事者といっても、ほんとうにさまざまだ。こうしたことが不登校を社会構造の問題として見えにくくさせてきたように思う。しかし、くり返せば、不登校の中核は、現在の社会構造に対する生命の反応のひとつ、だ。それは、本人が意識して拒否しているということともちょっとちがうように思う。後になってから、意識して拒否するようになることはあるにしても、学校に行かなくなりはじめた当初は、本人もアタマでは「学校に行かなければ」と思っていることが大半だろう。不登校というのは、もっと深いところからの反応として現象していることのように思う。

不登校の「歴史」

さて、ここで簡単に不登校の「歴史」を振り返っておきたい（あらかじめ断っておくが、これは私が関わってきたところから振り返っているので、きわめて偏っている）。

不登校が問題として語られはじめたのは、おもに1960年代以降と言える。それまで学校に行かないことは、経済的事情や病気などがおもな理由だったのが、それらに当てはまらない長期欠席者が出てくる。これが精神医学の問題とされ、病気として扱われた。70年代には、渡辺位さんをはじめ、不登校を個人病理とみない精神科医もあらわれるが、不登校の当事者運動が本格化するのは80年代半ばのことだ。奥地圭子さんらがはじめた親の会「登校拒否を考える会」やフリースクール「東京シューレ」を中心として、さまざまな声があがりはじめた。学校のみを社会だとする見方を「学校信仰」だと言い放ち、それまで不登校が個人病理として扱われてきたことに対し「登校拒否は病気じゃない」と言い切り、「学校には行かなくても大丈夫」「学校だけが子どもの学び育つ場所じゃない」と訴えたのだ。このインパクトは、はかりしれないほど大きかったと言えるだろう。

それまで、学校に行かない子どもは、専門家に判断され、治されるべき存在だった。それに対して、まずは親が、そして子ども自身が、自分の声をあげはじめ、自分の生命を自分に取り戻す運動をはじめたのだ。

親の会は全国各地に広がり、全国ネットワークを組むにいたる。フリースクールやフリースペースといった居場所も、全国各地に開設されていき、さらには世界のフリースクールやオルタナティブスクールとの交流をはじめ、視野を飛躍的に広げていったと言える。日本の不登校という現実に対して、海外のフリースクールやホームスクーリング（ホームエデュケーション）などを参考にして、学校を相対化する運動を展開したのだ。92年には、文部省（当時）が「登校拒否はどの児童生徒にも起こりうる」との見解を示す。それまで文部省は、登校拒否は本人や養育者の「性格傾向」だとしてきたのだから、もちろん十分なものではないとはいえ、これは「認識転換」とも言えるものだった。文部省が勝手に認識転換するわけはなく、ここにいたったのは、当事者が声をあげたことが大きかっただろう。80年代後半から90年代末にかけて、不登校の当事者運動は燎原の火のように広がっていった。

しかし、私の印象では、2000年前後から状況が変わってきたように思う。ひとつには、20代以降のひきこもりがクローズアップされはじめたことがある。あるいは、西鉄バスジャック事件など不登校をしていた少年による事件が相次いで起き、社会不安をひきおこす。不登校をしていると、ひきこもりになって、場合によっては事件を起こすんじゃないかというような不安……。さらに、04年からはニートという概念が歪曲されて日本に輸入され[13]、やっぱり学校に行かないと社会ではやっていけない、という不安はふくらんでいった。これらは多分に予断と偏見にもとづいた不安だとも言えるが、ここではまず、不安が拡大していったということを見ておきたい。

行政の動きを考えると、92年以降は、民間の居場所への出席が学校の出席扱いと認められたり、民間施設への通学に通学定期券の適用が認められるなど、文部省からも柔軟な不登校政策が打ち出されはじめる。その一方では、適応指導教室の設置やスクールカウンセラーの配置など、不登校政策に莫大な予算がかけられはじめた。そして、そのほとんどは学校復帰策だった。不登校というのは、まったくの制度の外の問題とされてきたのが、このころから、いかに制度内に取り込むかが模索されてきたと言えるだろう。それは、一方では運動の前進であって、当事者の声が行政に反映された結果でもある。それだけに、90年代には、当事者運動のなかにも、ある種の高揚感があったように思う。しかし、どんな社会運動でもそうした面はあるのだろうが、制度的な位置づけを得る局面や、各論のようなところに入ると、運動のダイナミズムは失われてしまう。

２０００年代に入ってから、行政と民間団体との連携は活発になった。たとえば川崎市の公設民営の居場所「フリースペースえん」や千葉県の「ＮＰＯ法人による新しい居場所づくり支援事業（菜の花スクールモデル事業）」など、それまで草の根で活動してきた民間団体に行政が事業を委託する例もあれば、長野県、千葉県、神奈川県のように、県レベルで行政と民間が不登校政策を協議して検討した例もある。さらには文部科学省までもがフリースクールなどのＮＰＯに委託事業を行なったり、フリースクールとの懇談会を開くなど、90年代までには考えられなかったような大きな動きがあった。

にもかかわらず（だからこそ）、不登校の当事者運動には元気がなくなった。私たちは、いま一度、不登校の当事者運動を捉え直し、現在地を確認する必要があるのではないだろうか。

当事者運動の構図

一口に不登校の当事者運動といっても、親の会、フリースクール、フリースペース、ホームスクーリングなどは、それぞれかなりちがった活動だ。図1は、〈家〉と〈外〉、〈学び〉と〈関係〉を軸として、それぞれの活動を便宜的に配置したものだ。あくまで便宜的なものだが、およそはこのように配置できるだろう。この図に沿って、それぞれの活動を見てみる。

・親の会

親の会は、文字通り親の集まりだ。専門家に判断をあおぐのではなく、親どうしが集まり、経験を話し合い、おたがいに考え合うのが親の会だと言えるだろう。親の会では、親自身が「学校信仰」を問い直し、子どもを操作加工の対象と見るのではなく、子どものありのままを受けとめることを重視している。〝繭ごもり〟というたとえもあるが、以前から、ひきこもることの重要性が説かれていた。だから、会（人）によっては、フリースクールやフリースペースのような居場所は不要だという意見もある。そういう外の居場所に子どもをあずけると、かえって親は自分を問わなくなり、家庭が居場所とならなければ本人はいつまでも根っこが不安なままだ、と。一理あると言えるだろう。

■図1

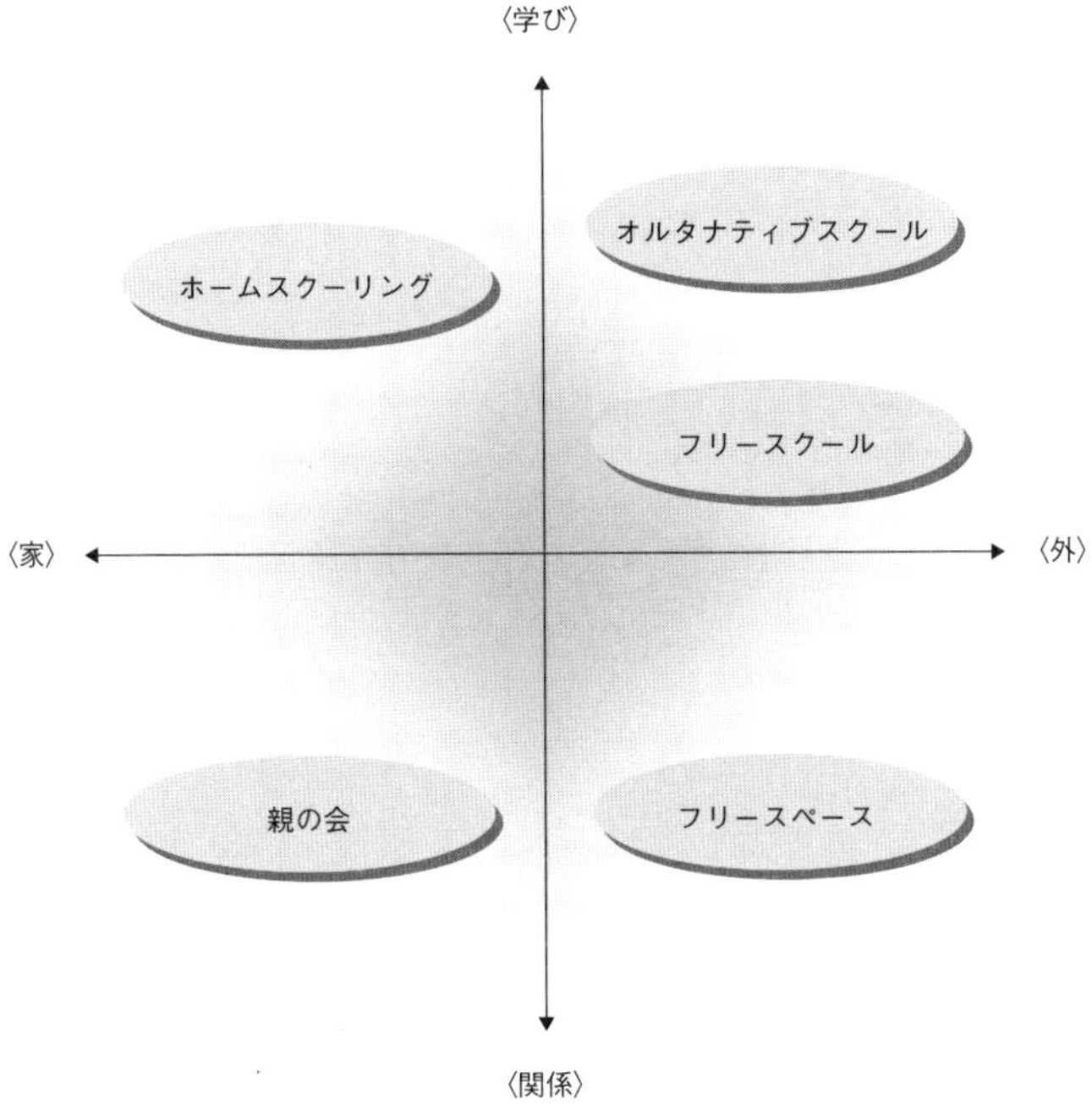
〈学び〉
オルタナティブスクール
ホームスクーリング
フリースクール
〈家〉
〈外〉
親の会
フリースペース
〈関係〉

・フリースペース

フリースペースは、家の外に、ありのままでいられる居場所をつくろうということだ。「スクール」であることは拒否して、何もしないでも居られる場所であることが重視される。ただし、そのなかに「学び」もたくさんあるわけで、フリースクールとの区別はあまりないとも言える。人数は小規模のことが多く、親の会のメンバーが立ち上げたり、何家族かが集まって家族が開かれたかたちになっている場合もある。

・フリースクール

フリースクールは、実質的にはフリースペースとして活動しているところもあれば、より学びの側面を重視しているところもあって、幅が広い。特徴的なのは、学びを子どもの自主性に任せている点で、たとえばテレビゲームも教科学習も同じ価値で捉えられていたりする。体験的な学習に比重を置いているとも言える。第1章で述べた捉え方で言うなら、「交換価値」としての学びの比重を極力下げてしまって、学びそのものの価値を重視している、ということだろう。さまざまなことが学びとして捉えられている。

フリースクールは、子どもの居場所としては数も多く、名称としても流通している。しかし、塾やサポート校など、不登校をマーケットとした教育産業がフリースクールの名称を使う場合もある。

・オルタナティブスクール

オルタナティブスクールやデモクラティックスクールという場合、フリースクールなどより明確に学びを重視していることが多い。フリースペースが関係を軸としてオルタナティブであるのに対して、学びを軸にオルタナティブなのだと言える。また、シュタイナーやフレネなど海外の教育実践を参考にしているケースも多い。フリースクールのなかにも、ジャパンフレネのように、学びを重視しているところもある。こうしたスクールでは「選択登校であって、不登校ではない」と主張していることが多い。学校の補完装置ではなく、あくまで自分たちでつくった学校だということだ。この点については、フリースクールのなかにも同じ主張は見られる。

・ホームスクーリング

ホームスクーリングやホームエデュケーションは、どこかに通わずとも学ぶことはできる、ということだ。この場合も、家が居場所であればいいとする考えと、より学びを重視する考えとがあって、団体や人によって重心のちがいがある。フリースクールのように、学びを広く捉えていることが多いが、欧米のホームスクーリングなどを参考にして、教育実践として活動している場合もある。やはり「不登校」というよりも「選択」として捉えていると言えるだろう。

不登校の当事者運動は、これらが雑多に混在して、それゆえにエネルギーを持ってきたように思うのだが、時代状況のなかで、力学が変化している。

何が変化しているんだろう？

まず、親の会とフリースペースについて考えたい。

先述したように、子ども・若者の底なしの不安をかろうじて支えてきたのは家族だった。しかし、家族だけで支えるには限界がある。親の会やフリースペースは、開かれた家族としての可能性を持っていると言えるだろう。親どうし、子どもどうしがつながりあうことの意味は大きい。

しかし、一方で、新しい親の人が根づかないということが、だいぶ以前から親の会のあいだでは嘆かれてきた。多くの親の会では、世話人をしているのは初期のメンバーで、新しい人はリピーターにならず、古くからのメンバーばかりが残っている。フリースペースでも、子ども年齢だった人が20代になり、若者の居場所となっているところも多い。全体に〝高齢化〟が進んでいるのだ。

その理由のひとつとしては、再び専門家に依存する流れが強くなったということがあげられるだろう。親自身が自分の感覚に自信を持てず、専門家に答えを求めている。当事者どうしが集まって、自分の問題として問い返すのではなく、あくまで対象化した子どもの問題として出口を求めている。だから、カウンセリングや医療にかかる人は飛躍的に増えたが、親の会やフリースペースのような場は縮小している。それは、家族が消費社会にのみこまれていることとも関係しているだろう。生活を市場サービスに委ねるほど〝おたがいさま〟の領域は失われ、イリイチの言うように、自分のなかにある力を見失ってしまうのだ。

子どもが何もしなくても、ただ居ることが大事というところまで意識が変わらないと、子どもが家に居たままでも大丈夫と思えたり、子どもをフリースペースに通わせようとは思えない。むしろ、学びを重視している団体や、サポート校などの塾産業に意識は行くだろう。親の会やフリースペースは、〈居る〉といういちばんベーシックなところを大事にしているだけに、苦しい状況に直面していると言えるかもしれない。

フリースクールはどうだろうか。

私の理解では、フリースクールのいちばんの特徴は、子どもの自主性を大事にするところにある。しかし、学校に行かないことで痛めつけられ、深く自己否定感を抱かされているなかでは、自主性なんて言われても、なかなか外に向かってエネルギーが出せるわけはない。自分がこれでいいんだと思えるには、時間がかかる。そのためには、そこが何もしなくても居られる場所であり、自分が否定されない場所であることが必要なのだ。まず、本人の〈居る〉が保証されてからでなければ、自主性もクソもない。だから、多くのフリースクールは、まず居場所であることを重視してきたし、家が居場所であることも重視してきた。家が居場所となっていなければ、フリースクールに来ても根っこが揺らいだままで、本人の苦しさは解消されない。だから、絶えず親と話し合い、ときにはフリースクールに通うことよりも家にいることを勧めたり、本人の〈居る〉を保証することを第一に考えてきた、と言えるだろう。

まずは〈居る〉ことが保証されて、自主性をのびのびと出せる場があれば、活動は次々に生まれてくる。あらかじめ決められた枠組みが少ないだけに、柔軟に活動しやすいし、そういう良さがフリースクールにはあった。

しかし、その子どもの〈居る〉が、かつてよりずっと脅かされているように感じる。その背景については第2章で考えてきたのでくり返さないが、根本の〈居る〉が脅かされていることによって、フリースクールの活動も、その基盤が揺らいでいると言えるだろう。

オルタナティブスクールについてはあまりくわしくはないのだが、先述したように、日本にもシュタイナーやフレネなどの教育思想をもとに、オルタナティブ教育を実践しているところがある。構造改革特区を利用した学校[14]では、シュタイナー学園が2005年4月にいち早く学校を設立した。一方、チャータースクール[15]をつくろうという運動も一時期は活発だったが、2007年6月に日本型チャータースクール推進センターが解散するなど、こちらは終息してしまった感がある。

オルタナティブスクールなどの場合、きちんと学校として位置づけようとするため、制度的な保障がないと難しい面がある。「選択登校」とは言っても、そこが学校として認可されないかぎり、本人の籍は公立校にあるままで、学校から見れば不登校となる。そして、学校側からすると関わりを絶たれてしまうため、通学定期券の適用を認めないなど[16]態度を硬化させることもあり、子どもに不利な状況が生まれることもある。だから、きちんと学校として行政上の位置づけを得て、選択して登校できることをこれらのスクールは求めている。

フリースクールでも、東京シューレは、かつてから「選択する権利」を訴えており、やはり構造改革特区を活用し、2007年4月に東京シューレ葛飾中学校を開校している。しかし、これはフリースクールではなく、あくまで新しい学校の試みのひとつということだろう。同校はキャッチフレーズとして「学校っぽくない学校」と言っている。

誰が何を選択？

これまで、こうした議論は、海外のフリースクールやオルタナティブスクールを引き合いに論じられることが多かった。日本では画一的な学校しか制度的に認められておらず、国家が学校を独占している。しかし、海外では市民が学校を設立したり、ホームスクーリングの実践が教育として認められ、公的資金が投入されているところもある。多様な学び育ちが選択できるようになれば、不登校の問題は解消されるはずだ、と。

先述したように、「世界フリースクール大会」などで海外の人と話をしても、不登校の話は通じない。不登校でフリースクールに通っているといっても、チンプンカンプンなのだ。だって、フリースクールに通っているんでしょ、と。日本と状況が似ている韓国でさえ、この10年くらいのあいだに状況は劇的に変化し、オルタナティブスクールが多種多様に誕生し、かなりの市民権を得てきている。

たしかに、多様な学びが公的に認められ、公的資金も投入されて、不利益なく通うことができたら、それはいいことだろう。私もずっとそう思ってきたし、いまでも学校制度が多様化することは望ましいことだと思う。

しかし、ここで考えたいのは、選択というとき、誰が何を選択するのか、ということだ。たとえばフリースペースのように、ただ居られる場所だったら、学校と対等に選択するものにはなり得ないだろう。少なくとも制度的にはあくまで学校でなければ、選択の対象にはならない。多様性として問われるのは教育実践であり、学びを軸とした選択になる。

けれども、子どもが学校に行けなくなるとき、多くの場合は教育の選択の問題ではないだろう。第1章で見てきたように、自分を商品として売らないと生きていけない社会のなかで、そのためにがんばらなければならないことに根本的な疑問を感じて、リクツよりも先に身体が拒否反応を示しているのが不登校だと、私は感じてきた。

そこで子どもが何より求めているのは、自分が居るんだということの実感、存在そのものを親や周囲に受けとめてもらうことだと思う。「学び」とか「選択」とかいうことは、その根本が保証されないかぎりは視野に入ってこない問題だ。学力への遅れや進路への不安というのも、もちろん本人にとって大きな問題にはちがいないが、それよりも、どこにも居場所がないということの問題のほうがよほど大きいにちがいない。フリースクールやフリースペースが果たしてきた役割というのも、学びの場としての意味もあるだろうが、それよりもよほど大きいのは、学校の外に子どもの居場所＝関係の場をつくったということだと私は思う。

ホームスクーリングについても、同じことは言えるだろう。たとえば親の会で「子どもが家に居てもいいじゃないか」というときと、それをホームスクーリングと呼ぶときと、何がちがうのかと言えば、関係を軸にした見方か、学びを軸にした見方かということだろう。とくに選択として語られるときには、ホームスクーリングとして語られてきたように思う。ただ子どもが家に居るというだけでは、少なくとも制度的には学校と対等に選択するものにはなり得ない。不登校の当事者運動のなかでは、学校に行かないことを、フリースクールとホームスクーリングに置き換えることで、学校に対置し得るもの（＝選択できるもの）として位置づけようとしてきたと言える。

ホームスクーリングの実践には、「アンスクーリング」や「ナチュラルラーニング」といった、子どもの自主性を最大限に尊重するような考え方もある。しかし、この自主性は、何より〈居る〉が保証されていなければ成り立たないものだということはフリースクールと同じだ。

また、ホームスクーリングとは言えないが、2005年7月、文科省の通知によって、不登校の児童生徒が自宅でITなどを活用して学習を行なっている場合、校長がそれを出席扱いとできるようになった。これについて内田良子さん（子ども相談室「モモの部屋」主宰）は「家庭の学校化であり、私的な場である家庭を公教育の場の一つとして教室に仕立てていくという手法」「家庭を分断し子どもの居場所を奪い、命を奪うことになりかねない」と厳しく批判している（『Fonte』175号／2005年8月1日）。

行政との連携は

行政との連携という場合も、ややもすると、学びを軸に話は進みがちだ。不登校になると、「教育を受ける権利」が侵害されるわけで、それを保障する必要性が論じられる。しかし、画一的な学校が柔軟化するのはよいことだとしても、教育的な視線や、人を能力によって値踏みする視線が学校外の居場所や家庭にまで入りこむ結果になるのであれば、それは子どもの居場所を奪うことになるだろう。

たとえば構造改革特区は、大きな枠組みとしては市場原理の活性化のために規制緩和するということだ。教育分野にしても、学校という「聖域」に市場原理を導入することが第一の目的と見ていいだろう。これまで学校の設立は学校法人にかぎられていたが、株式会社やNPO法人でも設立可能になった。しかし、株式会社による学校設立が大学・大学院8校、小・中・高校19校あるのに対し（2008年現在）、NPO法人による学校設立は1校もない。先にあげたシュタイナー学園や東京シューレ葛飾中学校の場合は、学校法人として学校を設立している。これも大幅な規制緩和があってのことだが、それでも、既存のフリースクールやオルタナティブスクールで学校を設立できるところは、ほとんどないと言っていいだろう。

数が少ないとはいえ、シュタイナー学園や東京シューレ葛飾中学校のようなオルタナティブスクールやフリースクールが制度的な位置づけを得たことについて、一定の評価はできるだろう。しかし、たいへんイヤな言い方をすれば、これらは、株式会社を参入させるための〝当て馬〟にされたという懸念もある。それはうがった見方にすぎるとしても、大きな流れとしては、特区が市場原理のための規制緩和だということは事実だ。

不登校するのは才能のある子？

2005年、文科省の下村博文政務官（当時）は、フリースクールなどとの懇談会を数回にわたって開催するが、不登校について次のように語っている。

今の公教育は画一・均一教育です。近代工業化社会、高度経済成長までの義務教育はそういうものでよかったと思います。しかし、これからの時代は脱近代工業化社会です。それぞれの個性、人間的な魅力が社会にどう貢献できるかが問われている。それに対して、今の学校教育システムは対応できていません。ですから、学校教育以外の部分で、子どもたちをフォローアップできるところがあれば、学校として認めていくべきだと思います。

（『Fonte』１８１号／２００５年11月１日）

これは、オルタナティブ教育関係者のあいだでも語られてきた言説だ。ある意味では的を射た指摘だと言えるだろう。しかし、私は、この考え方には違和感を覚える。たしかにそうした面はあるとしても、それでは結局、人の商品化を深めるばかりで、不登校というかたちで子どもが告発してきたこととは決定的にズレてしまうように思うのだ。

学びの多様性というとき、それが商品の多様性と同じものになってしまうならば、それは教育産業でしかない。スーパーで売られているものが多様なのに生命の多様性を感じさせないように、フリースクールやホームスクーリングの学びが商品としての多様性のひとつになるならば、それはどの商品がいいかを選ぶのと同じ選択でしかなくなってしまう。

再度、下村氏の発言を引こう。

――下村さんは「国家戦略としての義務教育の在り方」とおっしゃっていますが？

21世紀に国が国民に対して果たす役割というのは、教育立国として、国民が意欲を持って学習できる最大限のチャンス、環境を国が与えるということだと思います。ひとりひとりの意欲、能力をバックアップする。個々人が魅力的な人間として能力を高めていけば、それだけ社会で働くチャンスが広がります。それが結果的に国を豊かにすることになる。教育における財政的な措置をふくめ、学びたい人が学べる環境を国がつくっていくことが国家戦略です。

エジソンも、きっと今の時代では不登校になるような子どもだった。不登校児というのは、能力のない子どもじゃなくて、きらめくような才能や能力があっても、これまでの学校制度では適応できない子どもたちで、そういう子はたくさんいると思います。そんな子どもたちが通えるような、さまざまなタイプの学校があればいいと思うし、既存の学校も含めた自由な選択が必要だと思います。（前掲紙）

不登校というのは、理由のよくわからない混沌としたものだった。どんなに行政が数を減らそうとしても増えるばかりで、もっともやっかいな領域としてあったのだと思う。構造改革特区などの動きは、その混沌としたものを腑分けし、そこから商品価値のあるものだけをすくい出そうとしているとは言えないだろうか。学校に行こうが行くまいが、この資本主義社会でやっていけるかどうかは個人の能力次第で、その能力を磨くのは、従来のような学校でなくともかまわない。しかし、能力を売ることのできない人間は、医療の対象とさえなる（たとえば発達障害）。不登校が人を商品として見る視線からの撤退だとしたら、そこにも人を能力で選別する視線が及ぶことは、子どもたちの圧迫感を深めることになるだろう。

就学義務から教育義務？

もうひとつ、元文部科学省官僚の亀田徹さん（ＰＨＰ総合研究所主任研究員）が『朝日新聞』（２００８年８月２日）に寄稿した論文について触れておきたい。

亀田さんは、不登校が問題視されるのは、就学義務のみが親に課せられており、学校外の教育が制度的に認められていないからだとし、就学義務から、場所を問わずに子どもに一定水準の教育を受けさせる「教育義務」を課すことを提言した。

具体的には、保護者の申請を受け、教育委員会が学校外で学ぶことを許可する。そして、教育委員会の指導主事が学期に1回、保護者や子どもと面接し、子どもの学習や生活状況をチェックし、アドバイスをするという。そして、中学校卒業資格は、現にある「中学校卒業程度認定試験」を活用するというのだ。これにより、不登校は「問題」ではなく「選択肢」となり、家庭の精神的負担の軽減にもつながる、と主張している。

この論文はフリースクール関係者のあいだでは話題となり、亀田さんはいくつかのフリースクール主催のシンポジウムに招かれるなど、その主張は好意的に迎え入れられた感がある。しかし、私はこれも詭弁ではないかと考えている。

まず、教育義務というなら、それは親のみに課せられるものではなく、義務教育を整備する国や自治体にも課せられるべきものだ。学校外での学びを制度的に認めようと主張しながら、亀田さんが必要な財政措置として試算しているのは、教育委員会の面接費用47億円のみだ（650人の指導主事が学期に1回面接するとして）。つまり、子どもにかかる教育費用は全額保護者が負担することを前提としているのだ。

この点について、亀田さんは『Fonte』の取材に対し、「現実にある事態について実現可能性のある提言をした」、フリースクールにかかる費用を助成することなどは「現時点では難しい」との見方を示している（『Fonte』254号／2008年11月15日）。つまり、不登校を制度的に認めるといっても、それは保護者にすべてを任せ、行政はそれをチェックし、アドバイスするだけの費用しか出さないと言っているのだ。また、これまでは自主的な場として成り立ってきたフリースクールに対し、定期的なチェックをするということにもなる。これでは、費用が助成されるわけでもないのに管理だけが強まることになってしまう。詭弁と言わざるを得ない。

子どもにとっても、いいことはないように思える。なぜなら、現状でも、学校に行かなくなったところで進級・卒業できないことはまずない。しかし、亀田さんが言う不登校を制度的に認めるとは、学校から籍を抜き、試験を通過しないかぎりは中卒資格もとれなくなることを意味する。

不登校という現実は、子どもの「教育を受ける権利」を保障するという義務を、国家や自治体、保護者が果たせていないことを示している。亀田さんの主張は、国家や自治体がその義務から後退し、保護者の義務を増大させることを意味している。

また、『Fonte』の取材に対し、亀田さんは「フリースクールの定義を決めて線引きをし、私立学校のように法的に位置づけるのは意味がない」「規模・運営方針を含め、多様性がフリースクールの持つよさの一端でもあるわけで、そこに明確な線引きを加えることは現実的な解決策にはなり得ない」と話している（前掲紙）。これは、その通りだろう。しかし、不登校を制度的に認め、フリースクールなどにも私学助成のような財政措置をとることになれば、必然的に法的に位置づけを定め、線引きすることが必要となるだろう。そうなれば、一部のフリースクールが財政的にすくわれたとしても、大半のフリースクールはかえって存在基盤を損なわれてしまうことになるだろう。なぜなら、大半のフリースクールは、とても小規模に活動しており、教育機関として法的な位置づけを与えることなど、それこそ「現実的ではない」ように思えるからだ。誤解をおそれずに言えば、現にあるフリースクールの大半は、もっと草の根的というか、教育制度にはそぐわないようなものだ。

ただ、亀田さんの主張にはうなずける部分もある。それは、学校に行かないことが、子どもにとっても親にとっても罪悪感や自己否定感をともなうものとしてあり、それが必要以上に子どもを苦しめてきた、ということだ。罪悪感や自己否定感を持たされたまま、保健室登校や別室登校をさせられたり、いつまでも、あってはならない状態として不登校が位置づけられていることは、深く子どもや親を苦しめているにちがいない。それを解消するためには、現実的にできる方法として、選択肢として位置づけてしまえばいいという主張は、わからなくもない。しかし、それはそう簡単ではないだろうと私は思う。実態を抜きに理念としてだけ選択肢とすることは詭弁にほかならないし、実態をともなわせようとすると現実的ではなくなる。不登校が数十年にわたって問題であり続けたのは、それが巨大な社会構造の問題であるからだ。不登校はそれだけにやっかいで、混沌とした問題であり続けてきたのだろう。先述したように、この混沌を簡単に腑分けしてはいけない。むしろ、この混沌を磁場とし、巨大な社会構造を問い続けなければいけないのではないか。そんなふうに思う。

磁場を失っている？

先に、学校の求心力が希望から不安へと移ったと書いた。学校に行くことが絶対だった時代には、学校の外は真っ暗闇で絶望的だった。フリースクールなどの存在は、学校以外にも子どもの学び育つ場があるということを実際に示した点で、とても大きな意味があったろう。しかし、学校に行っても安心ではなくなって、底なしの不安に覆われるなか、相対的にフリースクールなどの意味合いも変わってきた。学校に行かないことは、かつてほど絶望的ではない代わり、価値観を根本から問い直す機会にもなりにくくなっている。また、学校の外でも学べるということが商品としての多様性のひとつになってしまえば、フリースクールもサポート校も選択のひとつにすぎなくなる。こうした状況変化のなかで、フリースクールやホームスクーリングなどは、磁場を失いつつあるように思える。

居場所は公的に位置づけられるか

ただ、行政との連携のなかには、〈居る〉ことを保証するために、民間と行政が連携している例もある。先ほど例にあげた川崎市の公設民営の居場所フリースペースえんは、〝たまりば〟というNPO法人に運営が委託されている。たまりばは、1991年から川崎市で活動しているフリースペースで、「スクール」であることを徹底して拒否して、あくまで居場所として活動してきたフリースペースだ。そうしたフリースペースが公的に位置づけられたということの意味は、とても大きいだろう。

えんの代表、西野博之さんは、次のように語っている。

子どもを制度や施設に合わせようとするのではなく、子ども自身の最善の利益を確保できるように、子どものいのちの側に制度や仕組みを引きよせて、変えていく視点が求められているのである。学校外での多様な学びや育ち・生き方を支援するNPOに対して教育委員会が委託を出すということ自体に、とても重要な意味があるのだ。

（西野博之『居場所のちから』2006）

実際にフリースクールやフリースペースを運営するとき、いちばん悩ましいのはお金の問題だ。ただ居場所であるというだけでは、お金にはなりにくい。先立つものがなければ、家賃も払えないし、スタッフの給与も出せない。フリースクールやフリースペースは、当初からそういう矛盾を抱えてきたと言える。逆に言えば、そういう矛盾を抱えてきたというのは、生きた社会運動でもあったということだろう。しかし、現在は、それが成り立たないほど難しいところにきている。ひとつには、中流層が崩れてしまって、経済状態を含め、親自身の状況が悪化していることがある。また、サポート校など不登校を対象とした教育産業がふくらんだ結果、フリースクールやフリースペースも教育商品の選択のひとつと見なされやすくなったこともあるだろう。居場所にお金をかけるというのは、ある意味では余裕がないとできることではない。どうしても目先の「教育効果」を期待できる商品にお金は流れてしまう。そうしたなか、閉鎖したフリースクールやフリースペースもあるし、フリースクールでも教育機関へと変貌しようとしているところがある。大きな力学変化が生じているのだ。

先に見てきたように、社会構造の変化のなかで、不安ゆえに教育への幻想を期待する力は高まっている。あるいは、発達障害などの特別なケアを専門的にしてほしいというような声も親からよく寄せられるようになっている。そういう親のニーズに応えれば、お金にはなるだろう。しかし、それでは芹沢俊介さんの言う「教育家族の解体」の道筋からは後退するばかりだし、子どもの居場所とはなり得ない。

教育機関として活動するのか、居場所として活動するのか――。とくにフリースクールは、自分たちの活動の軸足をどこに置くかが迫られている。私自身、フリースクールの運営に関わっているので、自戒を込めて言うのだが、私が主張したいのは、教育への期待や幻想を捨て、居場所に軸足を置くことが必要だ、ということだ。その結果、運営が厳しくなったとしても……。

現在、私の関わっているフリースクール・フォロでも、場のあり方について、根本的な見直しをはじめている。見直しの内容については第4章で後述するが、しかし、それにしてもお金の問題は悩ましい……。お金にはならない活動をしているのだから、その場所の保障ぐらい公共の責任で用意しろ！と言いたくなる。

フリースペースのような居場所を公的に位置づけさせるということは、教育ではなくみ「福祉」の問題だと言えるかもしれない。行政との連携というと、教育問題として話は進みがちだが、「福祉」の問題として連携を模索するということは、もっと追求されてもいいことのように思う。ただ、「福祉」というと、障害者福祉に顕著なように、人を種別に分類し、それに応じて対応するということになりかねない。精神科医の石川憲彦さんに発達障害についてインタビューした際、石川さんは、こうした問題について次のように語っていた。

私は、人間に支援は必要だと思いますが、それは状況支援でいいわけです。たとえば、バスの段差をなくしたら、車イスの人だけじゃなくて、老人や妊婦さんも助かる。それを障害の問題だとしてしまうと、対象を狭めてしまいますね。

発達障害でも、たとえばアスペルガーの子は物事の全体が見えてないと混乱するから、授業の最初に説明をしてあげれば落ちつくと言います。だけど、それは、どの子にとってもいいことでしょう?

状況支援と言うと、「費用がどんどん膨らんでいったらどうするのか」と言われますが、それは逆で、問題は働けない人が増えていく状況のほうにあるわけです。障害者が働ける状況をつくっていく支援があれば、特別な支援は減っていきます。

人が人を助け合ったり、支援するというのは、基本はお金じゃないですよね。それでも、今のところはお金でしか補えないことがあるなら、それは疾患別ではなくて、状況によって、誰でも困ったら受けられるようにすべきです。

（『Fonte』１８７号／２００６年2月1日）

教育費を振り分ければ

だいたい、福祉の問題となると、いつも財源の問題が問われる。そこで消費税を上げようという話になったりしているけれども、配分のあり方の問題が問われていないのはおかしいと思う。よく共産党や社民党なんかが言っているみたいに、防衛費や不要な公共事業を削減して社会福祉にまわすべきだと私も思う。

そこで、ちょっと考えてみたのだが、教育費を、もっと教育ではない費用として子どもにまわすことはできないのだろうか？

当然のことだが、義務教育の公立学校の費用は税金からまかなわれている。小学校で児童1人あたり約90万円、中学校で生徒1人あたり約１００万円（全国平均、文科省「地方教育費調査」）。学校に行かなくなると、学校から「排除」されたにもかかわらず、その費用を享受することができない。だからこそ、フリースクールやホームスクーリングを制度として位置づけ、不利益のないようにすべきだというのがフリースクールなどで主張されてきたことだ。

義務教育費の一部を保護者に還元してしまって、子どもが自由に使えるようにすればいいという意見もある。私もそれはいいんじゃないかと考えていたが、結果的には、保護者の教育的ニーズばかりをふくらませ、教育産業にお金が流れ込むことにしかならないような気もする……。

あるいは、オルタナティブ教育関係者のあいだでは、以前からバウチャー制度[17]の導入を訴える声があった。安倍内閣の「教育再生会議」でもバウチャー制度については検討されていたが、これは学校間で教育的価値を競争させる結果にしかならないだろうし、そこでどんなに学校が「多様化」したところで、子どもの苦しさは増すばかりだと思う。

私は、学校そのものを縮小し、その余剰分の費用を教育費以外に振り分けるべきだと思う。学校があまりに子どもの時間・空間を独占していることは問題だ。子どもが、もっと学校以外の場所、教育的ではない場所で、教育的な視線にさらされないで時間を過ごせることが必要だと思う。それは理想論にすぎるだろうか？　あの中途半端な「ゆとり教育」ですらバッシングされ、方向転換させられているところをみると、学校を縮小するなんて、とうてい無理なようなことに思え、暗澹たる気持ちにもなるが……。

いま、格差問題などが語られる場合、親の収入によって教育への投資額が異なることなどが問題にされている。しかし、私は投資額が大きいほうが幸福で、少ないほうが不幸だという図式そのものを信じていない。教育費を投資され、開発されてばかりの子どもは、むしろ不幸だとさえ思う。資本主義のリクツでは、投資というのは利潤を生むものにしかなされない。教育費というのも、まさに投資なのだろう。しかし、そうやって教育的視線ばかりが広がった結果、子どもは苦しんでいるのだ。だとすれば、教育費ではなく、もっと子どもの関係を豊かにするような場に公的な資金は投入されるべきだろう。その文脈にフリースクールやフリースペースが位置づくことも考え得るだろう。また、具体的になれば、いろいろ問題も生じるだろうが、大まかに言って、そういう方向性がいいのではないかと私は考えている。

制度化の矛盾

たんにお金の問題だけではなく、人が人を支え合うのに必要なものをいかにして分担できるのか。そこに行政の責任をどう果たさせるのか。そういう意味での福祉は、必要なことだろうと思う。

しかし、そういう広い意味での福祉は、本来的には制度にはそぐわないものなのかもしれない。そもそも、子どもの居場所を学校という制度が独占したことに問題があって、それを親や市民の力で自分たちに取り戻した例のひとつがフリースクールやフリースペースだとすれば、それを再び制度に位置づけようとすることは、根本的な矛盾をはらんでしまうようにも思える。

小沢牧子さんは、先に引用した『「心の専門家」はいらない』のなかで、次のように述べている。

制度はいわば生活のコンクリート舗装のようなものである。みんなに共通の歩きやすい公道は、必要ないとは言えない。舗装道路が公平に行きわたるようにと、行政も気を付けている。そして「よりよい舗装」を唱えるさまざまな声や取り組みが、どこにもある。制度と無縁に生きられるはずもない。

しかし忘れてはならないことがある。コンクリート舗装は生き物と相性が悪い。雑草も生えなくなり、虫も封じ込められている。でも自然は相当にしたたかなので、コンクリートの割れ目からタンポポが顔を出してやっとのことで花をつけたりする。ところがそれは制度の不備、管理の落ち度と見なされる。そしてさらにていねい完璧な舗装がなされれば、雑草も消える。そしてやがて、「なんだか変、息苦しいね」と言う人たちが出てくる。

そして、小沢さんは「制度過剰から生まれた問題を、制度の上塗りで解決できないことは明らかだ」と喝破し、「制度と管理の縛りをゆるめる視座こそが必要」だと述べている。不登校という現象がタンポポのようなものだとしたら、それは「よりよい舗装」で解決できる問題ではないだろう。むしろ、子どもの世界が舗装化されすぎていることへのノーサインとして、制度化されない関係をつむいでいくことこそが求められていると言える。そして、そういう関係というのは、商品のように良し悪しで選択するわけにはいかないものだろう。

20代以降の問題は？

先ほど不登校の当事者運動を位置づけた図1（99ページ）の座標軸の〈学び〉を〈働く〉に変え、そこに不登校・ひきこもりの当事者運動を位置づけると、図2のようになるだろう。

ホームスクーリングやオルタナティブスクールは位置づけようがあるのかもしれないが、これらは学齢期までの教育機関だろうと考えて除いた。フリースクールについても、基本的には教育機関として考えられるが、サロンのようなかたちで若者の居場所を開いているところも多いので、「?」をつけて位置づけてみた。図1と比較すると、学びを軸とした機関は消えて、フリースクールも、フリースペース的な要素のみが残って、右下に移動する。

教育機関というのは、どうしたって卒業後が大きなテーマになる。大学だったら就職率、高校だったら進学率などがその学校の評価指標になっている。これは教育機関の交換価値

■図 2

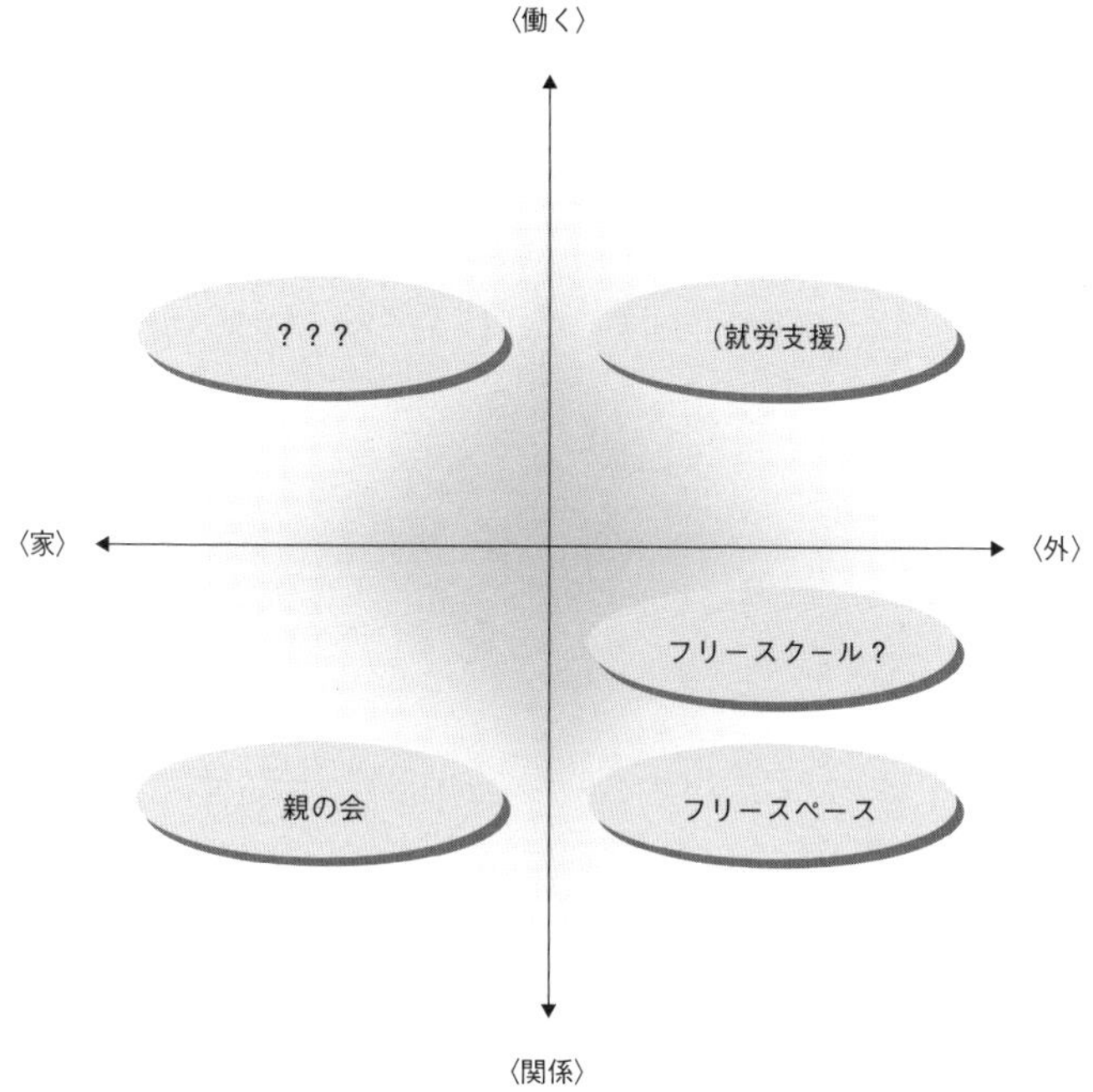

ということだろう。そこで何を学んだかではなく、その学校がどういう進路や就職と交換できるかが重要なのだ。

フリースクールやオルタナティブスクールの場合も、教育機関として考えると、当然、どういう交換価値を持っているかが期待されてくる。学びへの比重が大きいほど将来への展望が求められる。親にしてみたら、けっして安くない会費を払っているわけで、おカネを払ったぶんの価値は将来への期待に見いだしたくなるだろう。一方、フリースペースの場合は、〈居る〉ということに重点を置いているので、そういう期待は少ないように思う（そのぶん経済的には厳しいが）。

とくに、制度的な位置づけを得るとなると、そういうプレッシャーは大きくなってくるだろう。フリースクールやホームスクーリングなどオルタナティブ教育関係者は、かねてから制度的な位置づけを求めてきたが、制度的に位置づくとなると、居場所から教育機関への移行を期待する力がかかってしまう。それは、先に懸念を示したような行政側の意図だけではなく、利用者の側からもそういう期待はかけられるだろう。そうなると、フリースクールなどは居場所であり学び場であったのが、分裂する可能性がある。こういう力学については、直感的に察知している子どもたちも多く、フリースクールで学びに重心が動こうとすると反発を招くということを、私も幾たびか経験してきた。

年齢の問題もある。フリースペースでは、年齢制限がないがゆえに〝高齢化〟して、子どもの居場所から若者の居場所に移行したところもある。フリースクールでも、年齢制限のあるところと、ないところがあるが、いずれにしても、20代以降が問題となってくる。ホームスクーリングなどの場合でも、子どもが成人しても家にいて、それをホームスクーリングと言うかどうかは、きわめて難しいのではないだろうか？

この働くという領域については、行政主導で「就労支援」が声高に叫ばれ、一部のNPOと連携して若者自立塾といった取り組みもなされている。しかし、これらは総じて、若者を訓練したり、「支援」するという取り組みであって、社会構造の問題という視点は欠落していると言っていいだろう。不登校に即してたとえるならば、学校復帰に行政とNPOが連携して取り組んでいるようなものだ。若者問題については、とかくマッチョに若者を叩き直そうという民間団体が声を大きくしてきた。そのなかで、かつて戸塚ヨットスクールが死亡事件を引き起こしたように、最近になって、長田塾裁判やアイ・メンタルスクール寮生死亡事件、丹波ナチュラルスクール事件などが相次いで起きている。[18] こうした流れに対する批判は、すでにずいぶん出ているが、学校に対するフリースクールのような、オルタナティブな対抗軸はまだ確立されていないと言っていいだろう。

学校に行かなくても社会でやっていける？

不登校を考えるとき、その後をどう考えるかということがいちばん大きな問題となっている。不登校をしても、その後、元気に社会人として活躍しているなら、学校に行かないことは問題ではない。しかし、その後もひきこもっていたり、無職だったりするのでは、やっぱり不登校ではダメじゃないか、となる。

たとえば親の方から不登校についての相談を受けているときなどに、「学校には行かなくてもいいんです。家にひきこもっているのだけは困ります」とか、「学校以外でも学んでくれればいいんです」「将来、ひきこもりになったらと思うと……」などの声はよく聞く。学校は、かつてほど絶対的なものではなくなりつつはあるが、それで将来への不安が消えるわけではない。

不登校の当事者運動のなかでは、「学校に行かなくても社会でやっていける」という言説が多く語られてきた。不登校経験者の若者がそういう話を語ってきたし、何より私自身、『不登校新聞』を発行するなかで、そういう話をいくつも掲載してきた。それは、たしかに事実でもある。とくに「学校に行かなくなったら人生オシマイ」と思われてきたなかにあって、実際の当事者の生の経験や声を発信することには、大きな意味があっただろうと思う。

実際、不登校経験者やフリースクールの卒業生、ホームスクーリングで育った人が成人後、どのように過ごしているかといえば、ほんとうに千差万別だと思う。高校や大学、専門学校などに行き、一定の交換価値を得ている人もたくさんいる。あるいは、整体師や料理人、大工さんのような世界で、修行して職に就いている人もいる。もちろん、社会でやっていけていない人も多々いるとは思うが、それが不登校経験ゆえなのかについては、私は懐疑的だ。子どもや若者がやっていけない社会構造があり、それが不登校として現象化することもあれば、ひきこもりやニートとして現象化してもいる。その当事者が重なることもあれば、高学歴者がやっていけないことも当然ある。そういう見方がいちばん事実に即しているのではないだろうか。もちろん、現在の生きづらさが不登校経験ゆえだという場合はあるにちがいないが、それは、不登校という経験が親や周囲にどのように受けとめられてきたかによって、大きく左右されるものだということは言えるだろう。

また、「学校に行かなくても社会でやっていける」という将来への期待があったからこそ、不登校への圧力が弱まったのであって、それによって当事者が救われた面はとても大きくあるにちがいない。「学校に行かなくても社会でやっていける」という認識が少しずつでも広まったことで、絶対的だった学校はようやく相対化されてきたし、それが不登校への偏見をくつがえす力になってきたことはたしかだ。現在では、文部科学省でさえ「学校に登校するという結果のみを最終目標にするのではなく、児童生徒が自らの進路を主体的にとらえ、社会的に自立することを目指すことが必要」と言っている。そして、当事者が黙っていて圧力が減じることはなかったわけで、これは当事者運動の成果だとも言える。

しかし、それを踏まえたうえでもなお、この言説は問い直されなければいけないと私は思っている。

たとえば、かつては、子どもの不登校によって、親は、将来への期待も何もぜんぶ捨てて、〈いま・ここ〉に生きている子どもの存在をありのままに受けとめることが突きつけられたと言える。不登校とひきこもりは分離しておらず、不登校＝ひきこもりだった。しかし、学校外に居場所ができ、フリースクールが学びとしての期待を背負うほど、そういう問いかけは弱まっていった。そういう側面はあるのではないか。

また、「学校に行かなくても社会でやっていける」と語ったとき、その「社会」とは何かという視点は抜けてしまうことにはならないだろうか。「ひきこもり」や「ニート」というかたちで、不登校経験の有無を問わず、数多くの若者が「この社会ではやっていけない」と告発しているなかで、「学校に行かなくても社会でやっていける」という言説は無効になっている、と私は思う。

「明るい不登校」の抑圧

「明るい不登校」を語ることが当事者を抑圧してきた面があること、不登校を選択するというストーリーが疑わしいことは、すでに貴戸理恵さんや常野雄次郎さん（ともに不登校経験者）が問題提起してきたことだ。

たとえば、貴戸さんは次のように指摘している。

「病気ではない」「不利にならない」として不登校を「肯定」してきた〈「居場所」関係者〉にとって、「治療が必要な場合もある」「将来的なリスクがある」という〈医者〉や〈社会学者〉の主張は不登校の「否定」にほかならず、結果的に「明るい不登校」の「底辺」に存在する「明るくない不登校」には、正面から注意が向けられることがなかったのだ。

そこでは、不登校を「肯定」するためには「不登校によるマイナス」を認めてはならず、「不登校によるマイナス」を認めるならば「治療」や「登校促進」といった不登校の「否定」に至らざるをえない、というきわめて不自由な二者択一的状況が生まれている。

ここには〈当事者〉の視点が不在である。〈当事者〉とは、「不登校によるマイナス」をわが身にこうむりながら不登校を自分の経験として肯定する必要に迫られるひとつの立場であり、既存の物語のなかではみずからにとっての不登校を語りえない。

（貴戸理恵『不登校は終わらない』２００４）

また、常野さんは、不登校経験者の「サクセスストーリー」が語られてきたことについて、次のように批判している。

たしかに、明るく元気な人びとの姿や彼らのその後のサクセスストーリーは、より多くの人が「学校に行かなくてもOK」と思えることにつながるかもしれない。「登校拒否？　病気でしょ」、「ずる休みは非行のはじまりだよ」、「不登校はねー、あの将来性のなさがどうも……」と思ってる人でも、自信に満ちた成功者の姿を見れば、考えを変えてくれるかもしれない。でも、そういうイメージを作るために、切り捨てられていくものがある。汚いもの、臭いもの、暗いものは、抜き取られていく。

（貴戸理恵・常野雄次郎『不登校、選んだわけじゃないんだぜ！』２００５）

私は、不登校の当事者運動のなかで、「不登校によるマイナス」に注意が向けられてこなかったとは思わない。また、「不登校によるマイナス」は社会構造的に生み出されているものであって、「マイナス」を個人に帰属化させることは誤っているだろうと思う。しかし、「明るい不登校」を語ることが当事者を抑圧してきた面があることは確かだろう。

貴戸さんや常野さんが批判したのは、主として東京シューレである。しかし、これらの批判はちゃんと受けとめられたようには思えない。それに、何より私自身が、受けとめてこなかったという反省がある。[19]遅きに失しているかもしれないが、本稿は、その問題提起に私なりに応えようとしているものでもある。

もうひとり、東京シューレのＯＢ、信田風馬さんの指摘を紹介しておきたい。信田さんは、私が東京シューレでスタッフをしていた当時、会員として在籍していた方で、その後は不登校新聞社でいっしょに働いていたこともある。信田さんは、みずからが語ってきた不登校体験談には「自分自身が不在だった」と語っている。不登校ゆえに自分の存在が否定されてきたはずなのに、不登校をテーマにした集会などでは、その経験を語ることが逆に評価されるという状況が生じる。そうしたなかで、しだいに体験談は定型化し、いかに聴衆にウケるかが主眼となったり、仲間どうしでの競い合いのゲームの様相を呈したりして、自分自身が不在になっていった、という。「学校に行かなければ社会でやっていけない」という圧力のなかで、それに抗する発言が、このような力学を生んでしまうことは矛盾にちがいない。信田さんは、こうした力学について次のように述べている。

不登校に否定的な人々の代表的な懐疑の例として「不登校では人並みに生きていけない」というものがあるが、その流れのなかで「不登校では社会性が身につかない」という質問がある。私はそうした問いに対して、社会性という曖昧模糊とした概念自体を再考することを求めるうえで「フリースクールでもいろんな体験ができるから、学校に行く人と変わらず社会性は持てる」と答えていた。また「将来働くことができないのではないか」という質問に対しては、就職して金銭的にも安定している東京シューレのOB・OGを代表例として挙げ「不登校でもふつうにかかわらず働ける」ことの根拠としていた。

不登校でも社会性が持てる、不登校でも働ける、どちらも確かな事実である。しかし本稿の主題は「不登校でも人並みに生きていける」かどうかではなく、今まさに私は不登校であることを肯定しきれず将来に不安を持ちながら、自らが「不登校でも人並みに生きていける」と感じているかのように語ってしまうことにある。しかしそれは裏を返せば、人並みに生きていけなければ価値はない、ということにもなる。「不登校でも人並みに生きていける」、そのことに軸足をおいた不登校の肯定は、それを語るものがその実、不登校そのものを肯定しきれていないことを逆照射している。

「学校に行きたくない」という意志とは、「不登校」の本質とはそもそもなんだったか。それは、人間の多様な生を学校という既存の枠組みにはめ込もうとすることへの抵抗である。だとするならば、私の苦しさとは、自らの抵抗の声に耳を傾け続けることができず、外部にある枠組みを目を皿のようにして探し続けてきた苦しさ、徹底して「自分に立脚できない」ことにあったように思う。

（「私〈と〉不登校——私不在の不登校体験と後ろめたさについて」『シューレ大学紀要第5号』２００８）

そして、いまもなお「不登校経験を整理しきれていない」と信田さんは言うが、それは

「本当は幸運なことかもしれない」と述べている。

いずれにせよ、20代以上の若者のひきこもりの場合は、将来を担保にできないぶん、不安へのゴマカシがきかず、根本的な問いかけが突きつけられていると言える。私たちが考えなければならないのは、「学校に行かなくても社会でやっていける」かどうかではなく、「学校に行かなくてもやっていける社会とはどういう社会か」だ。

ひきこもりって何だ？

ちなみに、厚生労働省のひきこもり実態調査では、ひきこもり当事者のうち、小中学校で不登校を経験した人の割合は33・5％だった[20]。この数字を逆に見るならば、ひきこもり当事者の7割近くは、小中学校は休まず通っていたことになる。これは、かつては不登校として現象化していた問題が、学齢期を超えて、いつでも誰でもが直面する問題になったということだろう。

厚生労働省は、ひきこもりを次のように定義している。

> さまざまな要因によって社会的な参加の場面がせばまり、就労や就学などの自宅以外での生活の場が長期にわたって失われている状態。

（「10代・20代を中心とした「ひきこもり」をめぐる地域精神保健活動のガイドラ

イン」2003）

これを逆に捉えて、私は次のように定義してみたい。

さまざまな要因によって、就労や就学ばかりが社会参加の場となってしまった結果、社会が貧困化し、多くの若者が自宅以外での生活の場を長期にわたって奪われている状態。

第2章で見てきたように、そもそも社会がカイシャにのみこまれて、経済的価値ばかりで埋め尽くされたことが大きな問題なのだ。社会＝カイシャになっていて、社会参加＝賃労働ということになってしまっている。そのうえ、カイシャが正社員を雇わなくなって、若者に問題をしわ寄せしてきた結果、若者の社会参加＝賃労働は、誰でも取り替え可能な単純労働か、過労死するまでカイシャに自分を同一化する働き方かに二極化している。そして、社会の価値観がおカネで一元化していて、その価値観からの逃げ場が家庭以外にないという貧困な社会がある。

家族が経済的にも精神的にも余裕のあるあいだはいいが、ここが細ってくると、巨大な問題になる。前述したように、すでに家族の支えのない若者たちは〝ネットカフェ難民〟

化している。家庭以外での生活の場を奪われ、家庭も失ったら、若者は野宿化するほかない。

また、社会参加＝賃労働になっているため、ひきこもりとニートは、ほとんど同義語と化している。ニートという概念は、日本に歪曲されて輸入され、なぜか大流行したが、この大流行によって、ひきこもり概念に入らなかった若者までひきこもりと同じレッテルを貼られた。つまり、賃労働以外で社会参加している人はひきこもりの概念には入らないが、ニートには入る。「家事手伝い」をニートに入れるかどうかで、厚労省と内閣府で集計人数が30万人以上もちがうとか、おかしな話もあった（註13を参照）。

失業しても、その人を支えてくれる人間関係や賃労働以外の社会参加があれば、失業はたんなる金銭の問題だ。しかし日本では、カイシャ＝社会になってきたため、失業は、その人の居場所を根こそぎ奪う事態になってきた。それと同じく、賃労働に携わらない人間は、家庭以外の場所を奪われてきたのだ。

ひきこもりやニートへの不安というのは、じつはいまの社会に生きる人たちが根底に抱えている不安であって、それがゴマカシのきかないかたちで現れている現象のひとつがひきこもりやニートということだろう。

事件を起こす？

不登校やひきこもりへの不安のなかには、当事者が何か事件を起こすんじゃないかという不安もある。不登校経験者が事件を起こすと、新聞には「不登校」の文字がベタ白抜きで、おどろおどろしく躍る。しかし、統計はないが、不登校経験者やひきこもっている人が起こしている事件件数なんて、しれたものだろう。第一、少年事件における凶悪犯罪は、マスコミ報道のイメージとは裏腹に激減しているのだ。

ただ、この不安が根拠のない偏見にすぎないかといえば、そうとも言い切れないように思う。実際にいくつかの事件は、不登校やひきこもりゆえに親や周囲から追いつめられた結果、起きているとも考えられるからだ。

たとえば西鉄バスジャック事件[21]加害者の少年は、高校に入学して間もなく学校に行かなくなり、中退している。2000年3月、佐賀県内の病院へ入院しているが、本人は入院に反対だったにもかかわらず、その意思を無視して医療保護入院（医師の判定と保護者の同意を要件とし、本人の同意を必要としない入院）させられたことに怒り、「覚えていろよ」と語っていたという。バスを乗っ取ったのは、3度目の外泊許可を得て帰宅した当日だった。被害者のひとり、山口由美子さんは、顔や後頭部を斬りつけられ重傷を負いながらも、「彼はここまで傷ついていたんだな」と感じ、「怖いという思いはなくて、むしろ、彼のつらさが伝わってきた」と語っている[22]。

家庭が最後の居場所となっていて、その居場所さえもが奪われたとき、ある種の自殺行為として他害行為に及ぶことはじゅうぶん考えられる。あるいは逆に、不登校することもひきこもることもできず、ひとっとびに自殺や他害行為に及ぶこともあるだろう。だとすれば、いずれにしても本人の最後の居場所を奪わないこと、ひきこもりを保証することこそが自殺や事件化を防ぐ唯一の手だてだと言えるだろう。

問いかけの磁場

不登校やひきこもっていた経験のある人から、「ひきこもっていた時間はとても濃密だった。社会でなんとかやっているいまは、なんだか本質的な問いから遠ざかってしまった気がする」といった話を聞くことがある。それは、ひきこもっている最中にはとても思えないことだろうし、社会でなんとかやれるようになったからこそ言えることかもしれない。それに、ひきこもっている人のどれぐらいがひきこもりを肯定的に振り返ることができるのか、私にはわからないが、それでも、こうした言葉には真実があると思う。

私自身のささいな経験を言えば、いわゆる浪人時代の1年ほどのあいだ、他人とほとんど口をきかなかった時期があるが、その苦しくて重たくも濃密だった時間はいまの自分の原点となっていて、いつも自分を照射しているような気がする。程度の差はあっても、そういう「ひきこもり」の時間は、誰にとっても必要なものではないだろうか。

精神科医の高岡健さんは、「小さくひきこもること」を勧めている。人生を豊かにしていくためには、少年の時代にも大人の時代にも、小さなひきこもりをくり返すことが絶対に必要な条件で、にもかかわらず、小さくひきこもることができない場合、まとめて大きくひきこもらないといけない場合が来る。せっかく小さくひきこもっているのに、それを周囲が悪いことであるかのように扱い、ひきこもりを保証しないと、自分のエネルギーをたくわえたり、人生を考え直したりできない。だから、ひきこもりを全面的に保証していくことが必要なのだ、と。(23)

ただ、子どもの場合でも若者の場合でも、ほとんどの場合、最初から周囲がひきこもりを保証してくれるわけではない。保証されているからひきこもるのではなく、どんなに周囲が無理解でも、自分でもダメだと思っていても、身体からノーサインが出ていて、ほかにどうしようもないのだ。それは言葉でも説明しがたく、それだけに理解もされにくく、悪循環を招きやすい。そういう意味では、ひきこもりはあやういものでもあると思う。ひきこもりが、ときにひどい鬱状態を招いたり、泥沼化したり、あるいは追いつめられた結果、事件化してしまうこともあるだろう。しかし、たとえばアートや宗教だってあやういものだ。根本的な問いかけというのは、常にあやうさと裏腹なものだと思う。自分が変容するということは、それまで自明だった価値観や世界観が崩れるということで、それは奥深くからの痛みをともなうものだし、危険なものでもあるにちがいない。
ひきこもりは、学齢期か成人かを問わず、常に問いかけの磁場として、私たちを照射している。私たちが考えるべきは、この磁場から遠ざかることを成功と見るのではなく、この磁場から問いかけられていることに向き合い続けることだ。

選択は解決につながるか

本章の最後に、再び不登校と学校選択の問題について考えてみたい。小沢牧子さんは、『不登校新聞』（現『Fonte』）創刊10周年の記念座談会（奥地圭子・小沢牧子・芹沢俊介「不登校をめぐる10年」）で、次のように述べた。

ある意味では、地域の公立学校ほど多様なところはないわけです。消費社会のなかでは、なんでも「合う・合わない」で選択するのがいいことになっていますが、それは選択肢が多様なのであって、それぞれの中身はじつは単一的でしょう。それとは逆に、選べない場の多様性を見直さないといけない。

選択肢が多いことを多様性と考えると、人の生活は豊かにならない。それは消費社会の論理です。私の言う多様性は、選べない場所だが、予期しないものがいろいろあること。障害のある子、貧しい家の子、多様なものに出会っていっしょに生活していく場として公立学校はかけがえがない。選択の場にしていくのが、学校民営化を進める現在の教育政策の方向性ですが、私は、むしろ選択できない場での多様性と誰でも行ける学校の意味を強調したいと思っているんです。

（『Fonte』２４２号／２００８年5月15日）

異論も多い意見だろうと思う。とくにフリースクールやオルタナティブスクールは、選択して登校できるようにすることを主張してきたわけで、これらの主張と小沢さんの主張は真っ向から対立するようにも思える。

奥地圭子さんは、この小沢さんの意見に対し、次のように反論している。

経済的に貧しくて、公費でみんなが同じ教育をやりますよという時代から、ほかのものがみんな選べる時代になってきて、教育への要求水準が上がるというのは、当然のことだと思います。

子どもが自分を抑えこんだり、ガマンしたりするのではなく、自分がこうだったらいいなと思う学び方をしたいと思うのは自然なことでしょう。私たちは、多様性は必要だと思います。教育内容が国の認める学習指導要領のみというのはおかしい。多様な教育があって、それを選んでも不利になったり、おカネがかかったり、差別されたり、就職がダメになったりするんじゃなくて、おカネの面は国が保障して、自分が主体的に関わることのできる学びの場を地域にほしい。

学校が居場所じゃないから不登校があるわけでしょう。地域はたしかに暮らす場所だから、すごく大事ですよ。子育てとか、子どもが育つというのも、暮らしとつながってこそ自然だというのはわかります。それは大事なんだけど、教育内容を地域住民や親がつくれるということがなかったら、ダメですよ。お仕着せのものでいいというのはちがうと思います。学校が子どもにとって居場所でなくなったのは、上からのお仕着せだったからでもあるわけでしょう。（前掲紙）

ここで論議されているのは、非常に重要な点だろう。奥地さんは、教育が画一的で上からのお仕着せであることと、学校が居場所でなくなったことはつながっていると見ている。だから、子どもが主体で学べる場を公教育のなかに位置づけさせ、子どもが選択できるようにすることが必要だという意見だ。そして、それを実践している。

だが、そういうフリースクールのような学校がいかにすばらしいものであったとしても、それをこれまでの学校との選択のふるいにかけることで、これまでの学校のあり方が変わるかといえば、それは難しいようにも思える。また、実践しているほうの意志にかかわらず、教育は、将来への期待や幻想を背負いこんだ商品と化してしまいやすい。くり返し見てきたように、将来の交換価値としてどちらが有効かという基準から選択されてしまうように思える。

しかし、そういう将来の交換価値を競わされる教育的な視線こそが、学校から居場所を奪い、家庭から居場所を奪い、子どもを苦しめてきたのではなかったか。そう考えると、教育内容で対抗しようということは、それ自体に意味はあっても、不登校の問いに応えることにはならないように思える。

この座談会のもうひとりの発言者、芹沢俊介さんは、ずっと教育家族の解体を唱えてきた。座談会での発言を見てみる。

登校拒否やひきこもるというとき、それは学校でするわけではなくて、家でするわけですよね。だとすると、子どもたちが安心して不登校できたり、ひきこもれる条件がないと、家族自体が壊れてしまったり、子どもがもっと追いつめられたりする。ですから、家族のなかの権力や暴力の問題をキチンと考えていく必要があるのではないか。そうすることで、とにかく不登校やひきこもりの若い人が生き延びていけるための条件を見つけだして、不登校・ひきこもりをきっかけにして、家族が変わっていけるための契機を見いだせないか。そういうことをやろうとしてきた。

ですから、不登校について発言しはじめたころから、私は学校批判をあまりしなくなって、むしろ家族批判を始めたわけです。それは家族を否定することではなくて、「教育家族」をどう解体するかという問題です。教育的視線を外してしまえば、子どもは家庭のなかで生きやすくなる。教育家族の解体は家族が壊れることではなくて、むしろ家族になることです。

（前掲紙）

教育的（あるいは商品的）視線を壊すこと、教育的視線ではない人間関係を取り戻すこと。それこそが不登校やひきこもりから問われていることにちがいない。フリースクールやフリースペースは、家庭の外で「ひきこもる」ことのできる場所として機能しなければ居場所とはならないのだ。将来への期待や幻想を抜きに、〈いま・ここ〉に居る子ども・若者とともに居ること。そういう関係の場は、商品にはなり得ないし、選択肢ともならないだろう。

関係を選択として考えられないということは、親子関係を考えれば明白だ。子どもは親を選べないし、親も子どもを選んだわけではない（出生前診断や人工授精の問題などはあるが）。どんなにできない子どもであろうと、どんなに親の気に入らない子どもであろうと、だから子どもを「もっといい子」に取り替えようというならば、それは子どもを殺す選択に等しい。逆に、子どもからすれば、どんなに親がイヤでも、親を取り替えることはできない。ただ、子どもにとって、親を相対化できるような大人との出会いは絶対に必要だし、場合によっては親から逃げることが必要だ。

また、親にしてみれば、選べない（子どもを取り替えるわけにはいかない）からこそ、子どもが不登校になったとき、激痛をともないながらも自分の価値観の変革を迫られたのだ。

同じことは、学校に対しても有効となり得るだろうか。公立学校は子どもを選べない（障害児教育などの問題はあるが）。選べないからこそ、学校の思うとおりにならない子どもたちが学校の変革を迫ることになる。ただし、学校を相対化できるような場所は絶対に必要だし、場合によっては学校から逃げることが必要だ。

逃げること。逃げ場であること。避難所＝アジールであること。それは選択肢というものとはまったくちがうものだろう。逃げ場として、学校や教育的・商品的視線と対峙し続けること。それが、フリースクールやフリースペース、親の会に、いま一度求められていることだと、私は思う。

第4章

迷子の時代を生き抜くために

これまでの論点を振り返る

結論に入る前に、これまでの論点をざっと振り返っておきたい。

第1章では、学力とは何なのかを考えてみた。

一般に「学力」として問題にされているのは、学んだこと自体の価値ではなくて、学歴や就職との交換価値のことだった。しかし、学歴の交換価値は大幅下落していて、それだけでは安心できるものではなくなっている。評価や値踏みの視線は際限なく細分化され、学校やカイシャという箱では安心できなくなって、私たちは底なしの不安に直面している。そして、商品として自分を売らないと生きていけない社会のなかで、自分を開発すればするほど自分を壊している面がある。不登校やひきこもりは、そうした状況に対する身体の内側からのノーサインであって、そのノーサインを受けとめ、私たちは、自分の力を自分に取り戻すことが必要だと考えた。

第2章では、社会性について考えてみた。

日本の近代社会は、学校が子どもを丸飲みにし、カイシャが男性を丸飲みにし、女性を家庭に位置づけることで成り立ってきたが、それがバラバラにほどけて、個々人がむきだしの不安に直面している。これまでは、学校やカイシャに自分を同一化することが社会性と考えられてきたが、それは成り立たなくなっている。にもかかわらず、このむきだしの不安ゆえにかえって学校やカイシャにしがみつく傾向は強まっている。ここまでバラバラになった社会のなかで社会性というならば、どういう社会を自分たちでつくっていけるか、どういう関係をつむいでいけるかを考える必要がある。それは、不登校やひきこもり、ニートなど、学校やカイシャからズレた人だからこそ見えてくる地平だと言える。

第3章では、不登校の歴史を簡単に振り返り、さまざまな不登校の当事者運動の位置を整理してみた。

不登校で子どもが求めているのは、何よりも自分の存在を親や周囲に受けとめてもらうことだった。かつては、不登校というのは、みんなが信じきっていた価値観や世界から外れてしまうことで、それゆえに痛みも大きく、逆説的に言えば、価値観を問い直す磁場の力も強かった。親は、将来への期待などを捨てて、〈いま・ここ〉に生きている子どもの〈居る〉を根本的に受けとめることが問われたのだ。

しかし、現在は不登校が全面化したようなところがあって、個々人がバラバラに、不安ゆえに何か（学歴、資格、自己実現、商品など）にしがみつくような状況におかれている。そういう社会状況の変化のなかで、力学の変化のようなものが生じている。たとえば不登校を教育の問題として考えると、学びを軸に話は進みがちで、学びに重心が移るほど、〈居る〉という根本を問う磁場は弱まってしまう。とくに、若者がひきこもりやニートというかたちで「この社会ではやっていけない」と告発しているなかで、私たちは、ひきこもりという磁場から社会を問い直し、私たちがやっていける社会を考える必要がある。

そして、フリースクールやフリースペースは、教育機関として選択肢となるのではなく、むしろ逃げ場として、学校や教育的・商品的視線と対峙し続けることが必要なのだと考えた。

処世術？

では、具体的にどのように考えていったらいいのだろう？　まずは、学力から考えてみたい。

第1章で見てきたように、交換価値としての「学力」は、どんなに身につけても、私たちの不安を解消することはない。しかし、現実には交換価値の高い人ほど、おカネを稼げる仕組みになっている。学歴が低ければ就職などで不利なのは事実だ。高学歴の正社員の安定した待遇は、低学歴の不安定雇用者の搾取の上に成り立っている。いかに本人の意識のなかで学歴に価値を見いださなくても、労働力という商品市場では、学歴による序列があるのは事実にちがいない。フリースクールなどで、学校を相対化してイキイキとしていた人でも、成人後、労働市場のなかでは単調なバイトばかりしかなく、先行きも見えず、悩んでいる人の話は、よく聞く。

そうした社会のなかで、処世術として自分に必要な交換価値（学歴や資格など）を獲得することは、否定すべきものではないと私は思う。あるいは、職人的な技術を身につけて、それで職を得るというのもとてもいいと思う。これまで述べてきたことと話が矛盾するようだが、誰しもこの社会と折り合いをつけて、自分を労働力として売って生きているのであって、不登校をしていたけれどもいまは社会でやっていけているという人は、それはそれでいいのだ。

一方には、学校に行かないと低学歴になり、将来にリスクがある、だから学校に行かないでいいとは言えない、というリクツもあるが、これは根本のところでまちがっているだろう。なぜなら、みんなが高学歴になることはあり得ないわけで、誰かがそのリスクを結局は背負っているからだ。低学歴者がリスクを背負うという以前に、根本問題としては、職種によってリスクになるほどの格差があることを問題にすべきだろう。

だから、すでに述べたことだが、フリースクールやホームスクーリングなどで育った人が社会で「成功」しているから、こうした学び育ちはすばらしいんだというような言説は、やめたほうがいい。なぜなら、不登校やひきこもりが、自分を商品として売って生きていかなければならないことに対する根本的な問いであるとするなら、交換価値の獲得は、必要悪ではあっても、それ以上のものではないからだ。

フリースクールなどでの学び

フリースクールやホームスクーリングの学びは、学歴や資格という物差しをいったん捨てて、学びそのものの喜びを取り戻すところに大きな意味があったように思う。学校では、交換価値としての学力への比重が高まりすぎて、学びそのものは、かえって抑圧されてしまっている。せっかく学校から外れたのなら、将来のためとか、それを職業にするとか、そういうことと関係なく、ぞんぶんに深めることができたらいいと思う。そういう学びは、それが将来の稼ぎになるかどうかに関係なく、その人をとても豊かにするにちがいないのだから。仮に、学校に行っていなかった結果、交換価値としては低い価値しか得られず、単調な労働しかなかったとしても、それとは別に、おカネには換えがたい価値や人間関係を持っていたら、それは、その人を深く支えるにちがいない。

フリースクールやホームスクーリングが交換価値としての期待を背負うことは、自身の活動の基盤を失うことになるだろう。また、発信する側にそういう意識はないとしても、「成功者」を引き合いに出して不登校を語ることは、不登校やひきこもりの本質的な問いかけの磁場から遠ざかることでしかない。

オルタナティブな働き方

第3章で、不登校やひきこもりの当事者運動が、働くという領域についてはオルタナティブな対抗軸をまだ確立できていないと書いた。いま、「就労支援」を声高に叫んでいるのは、NPOといっても、マッチョに若者を叩き直そうという民間団体だったりして、これが根本的な問題解決につながることはあり得ない。そうすると、就労する先の問題、オルタナティブな働き方の追求ということが大きなテーマとなってくる。

そこで、さまざまなNPOやNGO、有機農業など、営利目的ではない働き方と、フリースクールなどの学びがつながっていくということは、もっと追求されていいように思う。商品として自分を売るのではない、自分が役に立つと思える社会への参加。そういう将来に結びついた学びを考えることは、とても楽しいことだ。働くという領域について、不登校・ひきこもりの当事者運動が対抗軸を確立していくことは必要なことだろう。

ただ、それも柔軟に考えていたほうがいいように思う。NPOというと聞こえはいいが、待遇は不安定で安月給だったりするし(!)、そのくせ、ややもすると会社員より公私の境目がなくなって、かえって仕事中毒になってしまうことも多い。全面的に没入することが悪いとは言わないけれども、いまのカイシャはまちがっているから自分はNPOで働いているんだ、みたいな二元論になってしまうと、かえって危ない。バイトしながらNPO

活動もしているという人だっているし（私自身もそうなのだが）、労働市場が柔軟化していることを逆手にとって自分の生活スタイルを上手に組み立てることも可能だろう。もちろん、年齢や地域によって雇用状況はちがうし、厳しい状況があるのは重々承知している。が、それでも、非正規雇用を逆手にとった可能性というのは、あり得ると思っている。非正規雇用者が劣悪な状況に置かれているから正規雇用を増やせという要求だけでは、再びカイシャに全面没入しないと生きていけないということにもなるだろう。むしろ、同一労働・同一賃金のように、パートタイム労働でも、不当な格差なく、仕事に対してキチンと対価が払われるようにして、もっとパートタイムで働きやすい状況が必要であるにちがいない。

たとえばアートの分野なんかでも、プロとしてやっていくかどうかは両面的なところがある。売るためには相手のオーダーに応えることが必要で、自分の表現したいこととはちがっていても従わないといけない。だから、たとえば絵を描く人でも、自分の描きたい絵と職業として絵を描くときはまったく切り分けて考えているという人もいるし、おカネを稼ぐ部分についてはバイトで割り切っている人もいる。せっかくおカネとはちがう価値観の領域を持っているのに、それをプロとしてやっていこうとすると、おカネに換えないといけなくなってしまって、かえってキュークツだということはあるだろう。

つまり、交換価値を全否定することは難しいし、その必要もないが、それ以外の領域を増やしてバランスをとって生きるというのも、ひとつの知恵だろうということだ。

社会学者の上野千鶴子さんは、働くことについてのインタビューで、次のように語っていた。

小銭をかき集める暮らし方

非正規雇用で、フレックスに働く人たちは、仕事と生活のバランスを自分で選択している人たちと言えます。こういう人たちは、もはやダブルインカム（インカム＝収入——引用者注）でさえなく、マルチプルインカムの持ち主です。つまり、1人に複数の収入源がある。一つひとつは、自分の家計を支えるには充分ではないかもしれません。しかし、かき集めれば、なんとかなる。小銭をかき集める暮らし方です（笑）。そういうことで家族が維持できるのかと思う人がいるかもしれませんが、1人で暮らすよりも、マルチプルインカムを2人、3人で持ち寄るほうがプラスアルファができるわけです。いわば〝持ち寄り家計〟です。

（『不登校新聞』118号／2003年3月15日）

同じインタビューで、上野さんはこうも語っていた。

若い人を見ていると、自分の好きなことなら熱中する、手応えのあることをやりたいという人が多いです。しかし仕事というのは、他人の懐からお金をもらうことで、その人の役に立っているからお金をもらえるんですね。好きなことだけやって、お金をもらえるというのは、勘ちがいもはなはだしい。

マルチプルインカムになれば、ウンとお金になることも、少ししかお金にならないことも、ぜんぜんお金にならないことも、多様な活動を組み合わせて、生活を成り立たせることができます。そうやっているうちに、金になることと、ならないことが入れ替わるかもしれないですしね。

お金になることとは何かと言えば、自分が好きではなくても、他人の役に立つことです。そういう、人の役に立てるスキルの一つや二つは身につけておいたほうがいいと思います。やりたいことは、持ち出しでもやればいいんですから。

（『不登校新聞』119号／2003年4月1日）

このインタビューは2003年のものなので、現在のように非正規雇用の劣悪な労働状況が告発されているなかではやや楽観的に聞こえるかもしれない。しかし、それでも、現状を生き抜く知恵は示されていると思う。経済的自立というけれども、そもそも自分の生活をひとりですべておカネでまかなうことに無理があるわけで、仲間と共同で部屋を借りるとか、そのための風通しのいい仕組みを考えるとか、部屋にかぎらず、いろんなモノをシェアして生きていける関係をつくるというのは、ひとつのスタイルだろう。ひとりひとりが「自立」できるぶんだけ稼ぐのではなく、1か所に自分の生活時間のすべてを投入して給料を得るのでもなく、小銭をかき集めて、それを持ち寄って生活する。いろいろトラブルもあるかもしれないが、いま必要なのは、きっとそういう共同性への試みだろう。

あるいは、自分の持っている技術や知識をへんに「自己実現」と結びつけて考えるのではなく、人に役立つ技術として割り切って考えるということも有効かもしれない。先にも述べたが、底なしの不安ゆえに、自己確認作業として「自己実現」への欲求が肥大している面もあるように思うのだ。

いずれにしても、「自立しなければ」とか「自己実現しなければ」という思いこみから自由になれば、もっとラクに生きていける方法があると思う。

社会をつくるって……

社会性について、第2章の最後に「私たちに問われているのは、どういう社会を自分たちでつくっていけるか」なんて大上段に書いてしまったけれども、社会をつくるというと、ちょっと漠然としすぎていてよくわからない。ひとつには、オルタナティブな働き方を考えることが自分たちの社会をつくっていくことにもなるだろう。しかし、社会参加は、働くことだけではない。おカネにはならなくとも、人と人はつながりあって生きているのであって、そういうおたがいさまの領域を家庭の外にも回復していくことが大事だと私は思う。そもそも、おたがいさまの領域が家庭に閉じこめられてきたことが問題なのだ。学力や能力によって値踏みされない関係をつむいでいくこと。それは、不登校やひきこもりにかぎらず、誰にとっても必要な居場所であると思う。言うならば、居場所の〝失地回復運動〟だ。

子どもが育っていくうえでもそれは大事なことだろうし、オトナも、おカネを稼ぐことや消費ばかりに時間を費やしていないで、もっと子どもと遊ぶ時間を増やすほうがよほど豊かであるにちがいないと思う。

自分自身のことを言うと……

まったく卑近な例で申し訳ないが、私自身がどうしているかも述べておこうと思う。私は大学を中退後、フリースクールや不登校新聞社で「正規雇用」され、年収200万円程度だが、低いながらも所得は安定して得ることができていた。事業自体が不安定なので、安定雇用と言えるかどうかはビミョーだが、それで10年くらいは食べてこられたのだから、結果的には低空で安定していたと言える。

小銭をかき集める暮らし方を実践しはじめたのは、2年ほど前からだ。不登校新聞社を

「職員」としては退職し（理事や事務局長は続けている）、コムニタス・フォロという若者の居場所（週1回のサロンが中心の活動）を立ち上げ、パン屋さんでバイトもはじめた。バイトは週3〜4日、朝7時〜お昼までの5〜6時間程度、午後はNPO活動や自分のやりたいことに費やしている。そのほか、ときどきライターの仕事が舞い込んだり、講演の依頼なんかもあって、臨時収入もある。また、タベルナ・フォロというパスタ屋さんもはじめて、月2回の営業ではあるが、飲食業にも関わっている。

子どもは8歳の男の子で、子どもと付き合う時間も大事だし、楽しい。家事については、料理は好きでよくするが、掃除はつれあいがほとんどしている。家事はコマゴマといろいろあるが、相談しながら分担している（と思う）。ちなみに、つれあいはフリースクール・フォロの代表をしていて、私と同じく低収入ながら、いちおう安定収入を得てきた。家計としてみれば、2人ぶんを合わせれば、これまでのところはなんとか生活していける収入を得てきたと言える。

NPO活動について言えば、何がなんでもそれで食べていかないといけないということでないほうが、自分自身もラクだし、活動の矛盾（おカネの問題）も相対的に小さくなるように感じる。バイト先は某大手チェーンのパン屋で、私の思想信条に反する面もあるし、仕事はキツイ面もあるのだが、おカネのために、いわば部分的に魂を売っている。そのぶん、スローフードなパスタ屋さんをはじめたりして、収入はそこからは得ていないが、精神的には得るものが多かったりする。

　はたから見るとたいへんそうに見えるかもしれないが、いろんなことをつまみ食いしながらやるのは、以前よりも風通しがいいし、気持ちのうえでもラクだ（とくにNPOなんかの場合は、スタッフが少人数だったりすると、どんなにいい人どうしであっても関係が膠着しやすいので、いかに風通しをよくするかは重要なポイントだと思う）。

　また、いろいろ柱があるので、仮にどれかが折れたとしても、自分を支えてくれるものがあるように感じる。生活のベースにあるのは「家族」だが、フォロという場は、私たちにとっても居場所であって、家族のみが居場所ということではないのもラクな面がある。低収入とひきかえに、おカネには換えがたい関係の場を持つことができている——と言えばカッコよく言いすぎているかもしれないが、そんなふうにも思う。

　ある方から、「そういうことができるのは、結局は強い人だけだ。弱い人にはそういうマネはできない」と批判されたことがある。それは、その通りかもしれないと思う。強いか弱いかは別にして、できる人とできない人はいるだろう。しかし、少しでも多くの人が経済活動に魂を売る時間を減らして、おたがいさまで生きられる関係を太くしていくことができれば、それは人が生きやすい社会をつくっていくことになるだろうと私は思う。

　それは、本来、難しいことではないはずだ。なにも、あらためてフリースペースだとか言わなくとも、自分の生活スタイルや他者への関わり方によって、地域や自分の身のまわりで自然に生じてくるものでもあるだろう。先に紹介した近鉄バファローズの応援団みたいに、自分の趣味趣向の仲間でもいいだろう。

そうしたなかに、不登校やひきこもり、ニートといったかたちで、いまの社会のあり方に違和を感じた人たちが、それをひとつの磁場として集まることのできる場があったらいいだろうと思う。

新しい社会性？

いま、若者の居場所やネットワークは、あちこちで、いろんなかたちで出現しはじめている。それは、不登校の当事者運動のなかで生まれたフリースペースもあれば、その延長線上に生まれた若者どうしのネットワークであるとか、不安定雇用者の労働組合だったり、「こわれ者の祭典」のような病気自慢のつながりだったり、「高円寺ニート組合」のような正体不明の組合だったり、じつにさまざまだ。

これらに共通しているのは、この社会構造のなかで、何だかやっていけないと感じたり、違和を感じて、その違和感こそを磁場としてつながっていることだ。世間では当たり前とされている社会からズレてしまって、それゆえに周囲からも責められ、自分自身を責めてしまう構造のなかにあって、当事者どうしが出会うことで、それが自分の問題ではなく社会構造の問題だと気づき、そこから、さまざまなカウンターカルチャーを生み出しつつある。

しかし、こうした居場所は、ヘンに理想化したり、ここに来たら救われるというような幻想を背負わないほうがいいだろう。出入りが自由で、ゆるやかにつながることのできる場であるほうが望ましい。なぜなら、底なしの不安があるなかで、その不安を一手に引き受けるようなことは、とても厳しいと思うからだ。むしろ、不安ゆえに何かにしがみつくことをやめること、不安をしずめ、ゆるやかに生きていけることを目指したほうがいいと思う。

カイシャ人間がカイシャに自分をぜんぶ没入して生きてきたことが、そもそもおかしかったのだとすれば、求められるのは、アイデンティティをひとつの場に依拠しない生き方なのかもしれない。かつてのような一枚岩の社会は、すでに崩れている。そのなかで、一枚岩に入れなかった自分を責めるのでもなく、別の一枚岩をつくって対抗するのでもなく、ゆるやかにたくさんの居場所を持つほうがいい。

それは、新しい社会性だと言えるかもしれない。

児童文化研究者の村瀬学さんは、日本は、かつての大きな同質集団から、おたがいが異質で、ちがう領域に生きる者どうしの社会になってきていて、いわば「多民族」国家になってきていると言う。そして、そういう社会のなかでの共同性について、次のように語っていた。

日本が「多民族」化するなかで、「難民」化している部分もあります。不登校や、ひきこもり、ニートも「難民」と言えるかと思いますが、この「難民」を、もっと肯定的に見られないかと思うんですね。

ちょっと前までは、終身雇用のように、タテに積み重なったプレートを登るイメージで、多くの人が生きていけていたんです。それが、いまは横にバーッと広がっている。生き方が、地理学的なものに変わっている。しかも、そのプレートが、それぞれに動いているわけです。上に行くイメージでは、まったくない。それが、新しい現代の姿だろうと思います。昔みたいなタテ軸がいいという人もいるけど、自閉症の人のように、それができない人もいるわけです。だから、地理学的に動くという生き方を、もっと評価してもいいと思います。（中略）

地域共同体が失われて、みんながバラバラの個になってきた。だからこそ、新しい共同性が模索されている。ネットやケータイも、その一つでしょうね。新しい自分たちの共同性を見いだそうという動きは、けっこう出てきているように思います。たとえば不登校やニートと呼ばれる人も、そこで共同性が模索できる。そういう共同性をどんどん模索していったらいいと思います。

（『Fonte』201号／2006年9月1日）

コムニタスという試み

私たちも、2006年秋から、コムニタス・フォロという若者の居場所のようなものをはじめた。2001年から大阪市内でフォロというフリースクールを運営していたのだが、同じ法人で若者の居場所をはじめることにしたのだ。「コムニタス」というのは、何か若者のつながりを指すいい名前がないかと考えたすえに、文化人類学の本を読みかじって付けた名前だ。能書きを言うなら、社会的な役割や肩書きに関係なく、ハダカの自分で居られる場、ということになる。実際、これまでの参加者の立場はさまざまだ。小学校から学校に行かず、どこにも所属してこなかった人もいれば、フリースクールのOB・OG、単位制高校に通っている人、大学生、大学院生、契約社員の営業マン、フルタイムの工場労働者、フリーターなど、ほんとうにさまざまで、一概にはくくれない。だから、キャッチフレーズとしては「ニートって言うな！　ひきこもりって言うな！」と言っている。居場所は、誰にとっても必要なのだ。

ただ、舌をかみそうな名前なので、よく「コムニスタ」とか「コニムスタ」とかまちがえられることも多く、名前の評判はよくない……。

実際の活動は毎週土曜日のサロンで、働くことや社会のいろんな問題をテーマにしておしゃべりをしたり、料理をいっしょにつくって食べたり、さまざまな仕事や活動をしている人を招いて話を聞いたり、逆に、あちこちの現場に見学に行ったりと、ゆるやかなつながりのなかで活動している。ムダな企画も大好きで、「ゆる企画」と呼んで、駅前に半日ぼうっと座り続けてみたり、オトナだけで公園遊びをしてみたり、真昼に花火大会をしてみたりして遊んでいる。しかし、これがおもしろいのだ。たとえば駅前に半日ぼうっと座っていたときは、ホームレス状態にあると思われるおっちゃんの半生を3時間近くにわたって聞かされた。ちょっと苦痛だったが、忙しく歩いてたら、知らない人の話をそんなにじっくり聞くこともない。

しかし、「コムニタス・フォロは何を目的にしているんですか？」と聞かれると、返答に窮してしまうことがある。開設当初は、メンバーからも「何を目的に集まっているんですか！」と、いらだたしげに問いつめられたこともあった。そういうときは、ちょっと口ごもりながら「世の中が目的だらけになったから、無目的にいられる場所をつくりたかった」なんて答えてきた。目的にしばられている頭をちょっとストップして、自然の流れみたいなものに身をまかせると、すごく豊かなさざめきみたいなものが感じられる。それは、コトバやリクツになりにくいし、ましてやおカネにはならないものだ。そういうさざめきに共鳴しながらやっていきたいと思って、ちょぼちょぼ活動している。

あまり参加者のことを代弁したくはないのだが、2人ほど、参加者の声を紹介したい。

1人目は、開設当初から半年ほど来ていた20代半ばの男性。当時は非正規雇用で働いており、「何のために生きているのかわからない」と問い合わせてきた。現在は野宿者支援のNPOで働いている。

僕は生きています。

まちがいなくこのヘドロのような社会のなかで生きているのですが、自分（内界）と社会（外界）の距離感がうまくつかめず、そう感じてしまう自分がダメなんだと思い、なんでもっと簡単に生きることができないのだろうと自己嫌悪になって十数年、このまま苦しみ続けるのはガマンならないと考えていたころ、コムニタスに出会いました。

当初は求めるばかりで、のんびりした山下さんや場の空気に拍子抜けし（何か変えてもらえると思っていたかも）、仕事が休みの日を利用して会費まで払っているんだから、その見返りに得るモノがなければここに来る意味がないとも思っていました。しかし求めるのをやめ、ただ居るだけでもいい、会費も自己投資のつもりでと考えるようになってからは、自然と自分のなかで変わりゆく〝何か〟を感じはじめました。サロンの日は帰ったあと、その日話し合ったことを思い出し（死刑の是非、ホームレスや雇用問題、サンタの歴史なんてのもあった。ほかにも、あまりにくだらないキュートな話題は数知れず……）、それまでの考えを改めることもあれば、確信できたり、これまで以上に自分を見つめ、向き合うきっかけとなり、何を欲していて、これからどのように社会と関わりたいのかを認識することができました。

ここにはいろんな考えを持ち、いろんな環境を経てきた人が集まってくるので、難しいこともあるでしょうが、上っ面だけの殺伐とした関係になりがちなこの世の中において、「ほっ」と温かくなれる数少ない〝場所〟です。

（20代・男性）

2人目は、現在20歳で、小学校から学校に行かなくなり、その後、どこにも所属せずに過ごしてきた女性。コムニタス・フォロには、1年ちょっと前から参加している。

私は、コムニタス・フォロをとても気に入っている。

ここに来た当初、私は疲れきっていた。

世間との価値観のギャップに。

私にとって大事なものが、世間では取るに足らず、私にとってどうでもいいものが、世間では大切にされている。いつも自分が申し訳なかった。生きていることすらも。

人は万能で、走り続けなければならない。一歩も足を緩めることは許されないのだと、そう言われているようで。

だけど最初にここの空気を吸ったとき、なぜだろう、とても息をしやすいと思った

（ちなみに空気清浄機はない）。

自立を「支援」するわけでもなく、不登校やひきこもりを「克服」するわけでもなく、就職を「勧める」わけでもない。共通の苦しみを持った人が集まる「自助」グループともちょっとちがう。実際ここには、さまざまな人々が集まってくる。あらためて考えてみれば、ここはなんとも不思議な場所なのだ。一言では表しづらい。

ところで。

歌手の一青窈《ひととよう》さんが、こんなことを言っていた。

「あるがままの自分を、自分の『ただ、いま』を伝えられる場所や人があるならば、それは『ただいま』に転じ、そこがその人にとってのお家になるんじゃないかな」

私はふっ、とコムニタス・フォロのことを思い出した。ああ、そういうことかもしれない。

私にとってこの場所は、ひとつの「Home」なのだと。

だって私は、ここでたくさんのことを話した。うれしかったこと、哀しかったこと、闘っているもののこと。笑ったり、泣いたりしながら、私の「ただ、いま」を。

それと同じに、たくさんのことを聞いた。人はみんなちがって、それぞれの喜びや、苦しさ。それぞれの「ただ、いま」を。

だからと言って、フォロに来る人たちを「家族だ」と言い張るつもりもない。フォロの人々は、あくまでただ、フォロの人たちなのだ。あるがままの関係であるということ。それは案外、カテゴリーを持たないことだと思うから。

フォロの扉が開く。さまざまな人が、ちょこんと顔を出す。私はフォロの扉が開かれるのが、「こんにちは」と言えるのがうれしくて、とても楽しみに待っている。

コムニタス・フォロのような「Home」が、日本の片隅に、少しずつ根づいていくことを願っている。

（野田彩花）

まあ、こういう「声」というのは、肯定的な面について書いてくれることが多いので、こうして紹介すると、ちょっと面はゆい気もする。代弁したくないというのは、こうやって紹介するだけでも、場の正当化のための言説となってしまいがちで、意図せぬ政治力学が働いてしまうからだ。実際には、人が集まれば、ゴチャゴチャすることもあるし、人間関係のなかで傷つくことだってあるが、そういうことも含めて、居場所なんだろうと思う。

居場所の哲学

居場所を居場所とするには、哲学が必要だと思う。それは、あえて〈無〉である哲学とでも言おうか。たとえて言えば、ジョン・ケージ（1912〜1992）の現代音楽のように。ジョン・ケージには「4分33秒」という〝曲〟がある。この〝曲〟では、指揮者が時計をもって登壇、そのまま4分33秒、沈黙のまま時間が過ぎる。奏者も楽器をかまえたまま沈黙している。しだいに会場はざわめき、そのざわめきが音楽になっている。ジョン・ケージは、音に対する沈黙を重視した音楽家だ。そのきわめつきが「4分33秒」だろうが、この発想が私はとても好きだ。観客は、お客さんとして音楽を聴きに来ている。そこに沈黙をぽっかりと広げてしまい、お客さんは聴き手ではなく、音楽の主体になってしまう。ジョン・ケージは、禅の鈴木大拙など東洋哲学の影響を大きく受けているが、「4分33秒」などは、とても禅的な発想だと思う。

居場所についても、そういう哲学が必要だと思うのだ。フリースクールに子ども（親ではなく！）が何を求めているかといえば、私は居場所だと思う。居場所とは何かといえば、たとえば空き地のようなものだろう。何かの目的や利益を求めて集まるのではなく、そこに空白があるからこそ人が集まる、そういう場。スタッフが何かを一方的に与えるのではなく、空き地的な場であるからこそ、そこにざわめきや共鳴がある。そこでは、子どもはお客さんではなく、居場所の主体になる。

空き地を空き地として維持するのには、哲学がいる。哲学がないと、そこはあっというまに目的（商品価値）のために使われてしまう。あるいは、居場所として活動しているつもりでも、まったく無作為に開いていると、特定の趣味趣向の場となってしまったりして、それ以外の人は入っていけなくなってしまったりする。だけど、フリースクールが空き地＝居場所でなくなったら、おしまいだ。

先述した東村山市の雑木林のように、空き地的な価値に価値を見いだし、それを経済的な価値で埋めてしまわないよう維持していくことが大事だ。それを公共空間として位置づけることも必要だろうし、市民が自分たちでおカネを出し合って支えていくことも必要だろう。そして、そういう居場所は、子ども・若者だけではなく、赤ちゃんから高齢者まで、誰にとっても必要なものだ。

フリースクールの見直し

私たちが運営してきたフリースクール・フォロも、そういう観点から、場のあり方を根本的に見直す作業をはじめている。本稿の執筆と並行して、見直し作業の真っ最中であるので、なかなか書きにくい面があるのだが、大ざっぱなところを述べておきたい。

フリースクールの運営は、全国各地、どこも厳しくなってきている。その背景には、第3章で述べてきたような社会状況の変化がある。そこで教育幻想を背負えば、あるいは専門家的な対応を売りにすれば、おカネは動きやすくなるかもしれないが、それでは子どものニーズからズレてしまうだろうと考え、居場所に軸足を置くことこそが大事だと述べた。

しかし、現実問題として、家賃や人件費をどうするのか、悩ましい問題がついてまわる。そこで、私たちは居場所の運営にあたっても、小銭をかき集める方法を試そうと考えている。

これまでのように、フリースクールを大黒柱としていると、どうしても会費は高くなり、保護者の負担が大きくなってしまう。2年前から、フォロでは若者の居場所（コムニタス・フォロ）もはじめたが、もっと広く、乳幼児から高齢者まで、さまざまな人が居場所とできるような場とし、そのなかで、課題や年齢層によって、さまざまな軸を立てられないか。そして、入れ替わり立ち替わり、さまざまな人が出入りし、おたがいをゆるめ合っていけるような関係の場にする。そこで核となるのは、真ん中が〈無〉であるような、空き地であることだ。

〈学校〉〈カイシャ〉〈家族〉の三位一体で成り立ってきた社会が崩れ、関係が貧困化し、個々人がバラバラに生きている社会のなかで、〈学校〉でも〈カイシャ〉でも〈家族〉でもない〈居場所〉は、それぞれを問い返し、関係を組み替えていく磁場にもできるのではないか。ちょっと抽象的だが、そんなふうにも夢想している。年齢を超え、立場を超え、さまざまな人にとっての居場所にしていきたい。

今後、具体的にどのようなかたちにしていけるのかはまだわからないし、見えない部分も多いのだが、それだけにワクワクもしている。本稿でエラそうに述べてきたことの真価が問われるところでもあるだろう。

キイワードは凡人

不登校やひきこもりは、人間が商品としてしか生きられない社会への身体からのノーサインだと、私は考えてきた。アタマでは、この社会でやっていかなければいけないと思っているのに、どうしても身体の奥からノーサインが出てしまう。アタマが身体に言うことをきかそうとして、がんばればがんばるほど悪循環して、その葛藤のあげく、身体からのサインに素直になると、それまで見えなかった地平が見えてくる。

そして、そういうノーサインは、不登校やひきこもりだけではなく、さまざまなかたちで社会に噴出している。私たちは、現象だけを見て、その解決をはかるのはやめなければいけない。むしろ、物事を分類して腑分けする見方をストップして、その身体からのノーサインに耳をすますことこそが必要なのだ。そして、そのノーサインに耳をすますことができれば、それは人と人をつないでいく力になるはずだ。

そのとき、キイワードになるのは〈凡人〉だと私は考えている。学歴だとか、カイシャだとか、そういうものでハクをつけていても、しょせんはみんな凡人だ。

以前、ミュージシャンの中川 敬《たかし》さんにインタビューした際、中川さんは、次のように語っていた。

現実問題として階級はあるけど、裸にひんむいたら、人間なんて猿の末裔やで（笑）。そこをもっとわかるべきやと思う。警官は怖いとか、学歴が高いほうがエライとか、どっかで、そういうものを信じているから、おかしなことになる。人間みんなボチボチやで。

（『不登校新聞』53号／2000年7月1日）

そうだ。みんなボチボチだ。この簡単なことが、なかなか自分でも認められなかったりする。それまで一生懸命、自分の商品価値を高めようとがんばってきた人ほど、自分が凡人だということを認めるには〝痛みをともなう〟ことだろう。小泉政権のキャッチフレーズを逆手にとれば、〝痛みをともなう価値観改革〟が必要なのだ。

しかし、アタマではわかっていても、自分を凡人として認めるというのは、なかなか難しいことでもある。きっと自分だけの努力では、いかんともしがたいことだろう。自分を凡人として認めるには、他者から凡人として受けとめられることが不可欠だ。芹沢俊介さんが教育家族の解体を唱えているように、家族関係だけではなく社会関係としても、商品化社会を解体することが必要だろう。おたがいを値踏みし合うような商品的な視線を解体し、おたがいを凡人として認め合い、おたがいさまの関係を広げていくことができれば、きっと、この底なしの不安はおさまっていくにちがいない。

迷子でいい？

冒頭に、迷子の時代だ、と書いた。「みんながこのぶ厚い不安の雲のなかで視界を失い、迷子になっているように思える」と。本稿の試みは、「学力」と「社会性」という、不登校をめぐって不安に思われる2つの問題を軸に、少し長いスパンから社会構造を考え直すことで、この迷子の時代を生き抜くための方向性を探ることにあった。現在は、社会が経済成長という神話を失い、目的を喪失しているなかで、これまで社会を支えてきた構図がバラバラになって、不登校にかぎらず、みんなが迷子になっている。そして、底なしの不安に覆われている。この迷子から抜け出すことはできないのだろうか……。

しかし、ひととおり書き終えたところで、迷子でいいんじゃないか、と思えてきた。

本文中でも何度か紹介した渡辺位さんは、数年前、迷子の話をされていた。ご自身が住宅街で道に迷って、そのとき、なんで道に迷ったかと考えたことを次のように語っていた。

なんで道に迷ったのかなと思った。ただ、たんに道をまちがえたから、それで迷子になっているというだけではない。そこで焦ったりあわてたりしている。なんで焦るのかといえば、何日、何時に必ずそこに到着しなくては、という目的があるからなんですね。だから、迷子をやめるには、電話して約束をキャンセルすれば、それで迷子ではなくなる。いままで歩いたこともない知らない街を歩いているんだから、そこにものめずらしい新しい発見も感動もあったはずなんですね。しかし、そんなことやっているヒマがない。人生もそうなんだなと思ったんです。人生で迷うこともよくあって、あわてたり焦ったり、葛藤することがありますが、それも何が何でもこうでなくてはならないという目標や目的を持つから、その通りにならないと、迷ったり、悩んだりする。しかし現実なんて、何ごとにつけ、よく言うことですが、なるようになるけど、なるようにしかならないんですよね。だから、迷子になったら、迷子をやめればいい。つまり、人生に迷うことがあったら、何がなんでもといった物事へのとらわれを捨てればいいんだと思いました。

（「不登校は文化の森の入口」／フリースクール・フォロ1周年記念講演録より）

とらわれを捨て、〈いま・ここ〉に生きること。きっと、それこそが方向性ということになるのだろう。

〈自立拒否〉と〈共鳴〉

以上、見てきたことから浮かび上がるキイワードは、〈自立拒否〉と〈共鳴〉ではないかと思っている。とくにひきこもりやニートをめぐっては、「自立支援」が喧伝されているが、根本的に考えれば、自立している人など誰もいない。お金を稼いでいることだって、いろんな関係のなかでしか成り立ち得ないのだし、食べ物はほかの生き物であるのだし、人間だけではなく、動植物や環境を含めた、いろんな関係のなかで私たちは生きている。「オレは自立している」なんてオヤジは、錯覚しているだけなんだと思う。第一、自分の利益のためだけにがんばるというのは、考えてみれば、とてもさもしいことにちがいない。

そこで思い起こすのは昔話だ。昔話では、たとえば〝花咲かじいさん〟みたいに、無欲で慎ましいおじいさんが出てきて、自然の恵みを授かる。それを見ていた隣りのおじいさんは、それを自分のためだけに利用しようとして、かならずしっぺ返しをくらう。昔話では、いわばくり返し「自立」を戒めているのだ。私たちは、昔話をとおして、そういう摂理を身体の奥に記憶しているように思う。

〈自立〉ではなく〈共立〉と言いたいが、なんだか立たないといけないというのも苦しいように思えてくる。言い古された言葉だが、〈共生〉と言ってもいいのだろう。

もっと言えば、〈自分〉というもの自体が、いろんな関係の束のようなものでしかないのだ。自分は他者（人間だけではなく自然全体も含めて）とともにしかあり得ない。自分というのは、常に他者との関係のなかで響き合い、変化し続けている〈場〉のようなものだ。そこには、〈共鳴〉という言葉が浮かんでくる。

共鳴できる場というのは、目的的な場ではないように思う。家族が目的をもって集まっていたらなんだか落ち着かないように、無目的でも居られる場であることが、人々を共鳴させるのではないか。そういう共鳴の場を社会のなかにつむぎだしていくことこそが、この関係が貧困化した社会に必要とされているのだと思う。

その〈共鳴〉は、きっと不安の雲を晴らすことだろう。

（1）不登校の当事者とは誰か、無前提に考えてはいけない問題だ。親であるのか、子どもであるのか、かつての不登校経験者であるのか。一口に当事者と言っても、立場や経験によってさまざまに異なる。そのあたりについては、山田潤「『不登校』だれが、なにを語ってきたか」（『現代思想』２００２年４月号）、貴戸理恵『不登校は終わらない』（２００４）などが参考になる。
（2）「平成19年度　教育職員に係る懲戒処分等の状況について」（表11　病気休職者数等の推移）http://www.mext.go.jp/b_menu/toukei/001/index43.htm
（3）「改訂　日本農業基礎統計」による。
（4）「国勢調査」http://www.stat.go.jp/data/kokusei/2005/index.htm
（5）「労働力調査」http://www.stat.go.jp/data/roudou/index.htm
（6）湯浅誠『貧困襲来』２００７
（7）自動車の生産台数などの数字は、社団法人日本自動車工業会のホームページを参照した。http://www.jama.or.jp/
（8）２００３年に文科省が発表したところによると、全国21の都県、２政令指定都市が不登校についての削減目標を掲げていた。『不登校新聞』が各自治体に電話取材をしたところ、削減目標の内訳は、発生率の削減を掲げたところがもっとも多く11件。そのほか、数を減らす、学校復帰率を上げる、前年度比で１割削減する、あくまでゼロを目標として近づける、といった内容だったが、全国順位や全国平均以下を目標としたところも６件あり、横並び意識がうかがわれた。その後、全国の調べはないが、大阪府が不登校半減政策を掲げるなど、多くの自治体で不登校削減政策がとられている。

(9) このあたりは、佐々木賢さん(日本社会臨床学会運営委員)が『資格を取る前に読む本』(1996)などでくわしく論じている。

(10) 「世界フリースクール大会」は、2000年に日本で開催された際に「フリースクール大会」と呼称されたが、正式名称はInternational Democratic Education Conferenceで、IDECと略称されている。直訳するなら、「民主教育国際会議」になる。フリースクールだけではなく、オルタナティブスクールやホームスクーリング、ストリートチルドレン問題に取り組むNGOなど、さまざまな教育機関が集まり、毎年、開催されている。

(11) 『ハマータウンの野郎ども』は、イギリス労働者階級の街〈ハマータウン〉でのフィールドワークをもとに、反学校文化の担い手である男子生徒たち〈野郎ども〉が結局は進んで労働階級の職業を選び取り、既存の社会体制を再生産する一因となっていくメカニズムを明らかにしている。訳者は、労使関係論の熊沢誠さんと定時制高校教員の山田潤さんだが、山田潤さんは「学校に行かない子と親の会・大阪」という親の会の世話人代表でもあり、『不登校新聞』創刊時の理事のひとりでもあった。

(12) あまりに乱暴かとも思うので、不登校の概念について、ちょっと補足しておきたい。まず呼称について言うと、かつては「登校拒否」が一般的で、1990年代くらいから「不登校」が一般化するが、ここでは基本的に「不登校」という言葉で統一した。
たとえば渡辺位さんは、「不登校」と「登校拒否」を分けて概念化している。「不登校」は学校に行かない状態全般を指し、「登校拒否」は、身体疾患や精神諸疾患を除いた不登校状態で、その状態が否定される(自分でも否定してしまう)ことによって二次的に種々の神経症状や異常と見える行動・状態をひき起こしている場合を指す、と。だから、不登校状態が否定されず、何事もない場合は「登校拒否」ではなく「不登校」だとしている（『不登校のこころ』１９９２などを参照した）。

　また、これに加えるとすれば、虐待などの人権侵害によって親が子どもを登校させない場合については、別問題だと考えていいだろう。最近、不登校を理由に親が子どもをネグレクトしていると疑われ、児童相談所に一時保護されてしまうなどの問題も起きている。虐待問題と不登校については、もっと整理が必要だろう。

（13）ニート＝NEET（Not in Employment, Education or Training）は、１９９９年、イギリス政府「社会的排除防止局」が出したレポート「ブリッジング・ザ・ギャップ」においてはじめて報告された概念で、16〜18歳の若者のうち、不利な生育環境にある低学歴の者が社会的に排除されがちなことを問題視して概念化されたもの。このレポートにおいて、ニートは16〜18歳の９％に及ぶと発表された。

　しかし日本では、15〜34歳ぐらいまでがニートの範囲とされ、「パラサイトシングル」や「ひきこもり」といった若者バッシングの言葉にイメージを上乗せするようなかたちで流布された。教育・雇用政策の問題であるニートが、個人の生き方の問題にすり替わったと言える。

　日本政府は、ニートに相当する言葉として「若年無業者」という言葉をあててきた。厚生労働省は、その数を52万人（『労働経済白書』２００４）とする一方、内閣府は85万人（「若年無業者に関する調査」２００５）としており、食いちがいがあった。これは「家事手伝い」を含めるかどうかのちがいだった。内閣府の集計では、これに加え、就職活動をしているが職を得られない人が１３０万人おり、これを合わせると、若年無業者の総数は２１３万人に及ぶ。しかし、内閣府「青少年の就労に関する研究会」（委員長・玄田有史氏）は若年無業者を「学校などに通学せず、配偶者のいない独身者で、15～34歳で、ふだん収入をともなう仕事をしていない」者と定義し、ニートを、若年無業者のうち「就職を希望していない、または就職を希望しているが、実際は仕事を探していない」者と定義し、ニートの定義から失業者を除外した。ニートの概念が歪曲化されて流布されたことの問題については、本田由紀・内藤朝雄・後藤和智『ニートって言うな！』（2006）など、多くの批判がなされている。

(14) 構造改革特区は、政府の経済財政諮問会議が経済活性化戦略として打ち出した構想で、地域限定で規制緩和を推進する制度。2002年12月、「構造改革特別区域法」を施行。特区への提案は、地方公共団体のみならず民間からも可能で（団体・個人を問わず）、とくに教育分野は民間からの提案が活発だった。その結果、教育課程の弾力化や、NPO法人、株式会社が学校設置・運営に参入できるようになるなど、大きな規制緩和が見られた。NPO法人の学校設置・運営については「不登校児童生徒等の教育を行なうNPO法人で一定の実績等を有する」と限定され、情報公開、第三者評価の実施、セーフティネットの構築をはかることが付け加えられている。

(15) アメリカでは、州や学区の認可（チャーター）を受け、親や市民が小中学校を設置できるシステムがある。チャータースクールは公費によって運営されるが、一般の公立学校とは異なる方針、教育内容の学校を運営できる。しかし、一定期間ごとに審査が行なわれ、成果をあげていないと判断された場合は、チャーターが取り消され、閉校となる。

(16) 1993年3月、「登校拒否児童生徒が学校外の公的機関等に通所する場合の通学定期乗車券制度の適用について」という通知が文部省（当時）より出された。これは、東京シューレを中心とするフリースクール関係者が運動した結果、実現したものだ。これにより、不登校の子どもが学校外の公的機関や民間施設に通う場合、実習用通学定期乗車券制度を適用できるようになった。しかし、適用については、校長が「民間施設についてのガイドライン」などにもとづいて判断することとなっており、校長や教育委員会によっては、適用を拒否する場合がある。

(17) バウチャー制度は、政府が父母に対して授業料などに充当できる現金引換券（バウチャー）を支給することにより、子どもの選択の幅を広げようという制度。米国の経済学者、ミルトン・フリードマンが提唱した。米英などでは、実際にクーポン券などが支給されるわけではなく、学校選択後に補助金が交付される形態が一般的な運用。

2005年、衆院選挙にあわせて『Fonte』が行なった政党別アンケートによると、バウチャー制度については、共産、社民が「選択の幅を広げるために有用」ではあるが、「過度の競争、格差拡大」の助長などの側面もあるため、慎重な検討を要するとの回答だった。自民は「賛否両論で慎重に研究する」、公明も「海外事例を検証しながら、検討が必要」と検討・研究課題にあげていた。民主は「公私間格差是正のため、私立学校・専修学校通学者に対して、直接授業料補助などを行なう」と回答していた。

(18) 少し長くなるが、アイ・メンタルスクール事件などそれぞれの事件について、概略を記しておきたい。

・戸塚ヨットスクール事件

戸塚ヨットスクールは、戸塚宏校長が1976年に開設したヨットスクール。子どもの不登校や家庭内暴力などに悩む親に対して、厳しいスパルタ式のヨット訓練によって情緒障害などを治療できると触れ込み、マスコミにも大きく取り上げられた。79年には当時13歳の男子が死亡しており、身体に外傷があったが、嫌疑不十分で不起訴処分となった。その後、80年から82年にかけて職員らの暴力によって4人が死亡し、83年6月、戸塚校長は逮捕された。戸塚校長らは2人に対する傷害致死、2人に対する監禁致死、その他20人に対する暴行、傷害、監禁などで起訴された。1審の名古屋地裁判決によると、死亡した吉川幸嗣さん（当時21歳）は、自宅へ「新人迎え」に来たコーチらに殴られ、自動車にコーチと父親に運び込まれて合宿所に連行され、その後校長、コーチらから殴る蹴るの暴行を受け続けて、4日目に死亡した。また、小川真人さん（当時13歳）は、単行本『スパルタの海』を読んだ両親に勧められて入校したが、その翌日からコーチらの殴る蹴るの暴行を受け続け、1週間目には衰弱して動けない状態になっていたが、医療処置も受けられず、8日目の12月12日、海中に突き落とす、殴る蹴るの暴行を受けて死亡した。

92年7月、名古屋地裁は、このような暴力の事実を認定しながら、戸塚校長らの訓練は情緒障害の治療教育という「正当な目的」によるものとして、戸塚校長に対して懲役3年、執行猶予3年の判決を言い渡した（求刑は懲役10年）。検察側が控訴し、97年3月、名古屋高裁は地裁判決を破棄、戸塚校長に懲役6年の実刑判決を言い渡した。判決は、訓練での暴行傷害、訓練をするための逮捕監禁は「独自の信念に貫かれた校長およびコーチらによる組織的集団的な犯行で、無抵抗の合宿生に対し情け容赦なく、個性を無視して加えられる悪質かつ残忍な犯行である」と断定し、「目的の正当性」も認められない「非人道的訓練方法」とした。戸塚校長は上告していたが、最高裁は上告を棄却し、２００２年2月、判決が確定した。06年4月、戸塚校長は満期で出所したが、出所後の記者会見でも体罰は教育であるとの持論を強調し、今後もスクールで「指導」を続けると話した。

・長田塾裁判

長田塾（有限会社塾教育学院）とそれを主宰する長田百合子氏に対し、２００１年8月に自宅から意思に反して拉致された少年（当時15歳）が不法行為による損害賠償を請求した裁判。訴状によると、01年8月、男性の母親から依頼を受けた長田氏は、男性補助者、ＮＨＫテレビの記者、カメラマンをともなって原告男性の同意もなしに部屋に侵入し、恐怖に陥っている原告に長田氏の寮へ入所するよう迫り、そのようすを至近距離で撮影、録画させ、さらに補助者が缶コーヒーの缶を面前で握りつぶして腕力を誇示したうえ、「力ずくで連れて行くか、自分で歩いていくか」と脅迫して寮に入所することを同意させ連行した。原告はその後、2度寮から脱出を試みたが、連れ戻され、同年12月から約1か月半、所持金がいっさいない状態で従業員に監視され、母親にもその所在を知らされず、アパートにひとり軟禁された。不信を抱いた母親が弁護士に相談し、弁護士が長田氏側と交渉して原告をアパートから連れ出し、自宅に戻した。その間、NHKテレビが原告の部屋に長田氏らが侵入したときの修羅場の場面の録画をそのまま放映し、原告の実名と顔の映像を公表したため、原告は自宅に戻ってからも周囲の目が気になり、また、子育ての不安から惑わされたとはいえ、自分を寮に連行させた母への怒りや恨みで悩んだという。

06年12月7日、名古屋地裁は、長田塾スタッフによる暴力、少年の承諾なくNHKテレビが居室内や容ぼうなどを撮影することを長田氏が許したことなどの「違法性」を認めたが、損害賠償請求権の消滅時効が成立したとの理由で請求を棄却した。これに対し原告側が控訴。07年9月26日、名古屋高裁は、男性の請求を棄却した1審名古屋地裁判決を変更し、長田氏と会社に連帯して100万円の損害賠償を命じる原告逆転勝訴の判決を言い渡した。

•アイ・メンタルスクール寮生死亡事件

2006年4月18日、名古屋市にあるひきこもりの若者「更生」施設アイ・メンタルスクールで、入寮5日目の男性（当時26歳）が死亡した事件。男性は、家族の依頼によって、東京都世田谷区から職員らにより手錠や鎖を使って拉致され、手錠や鎖などで手足を拘束され監禁されていた。死因は打撲による外傷性ショックだった。愛知県警は5月8日、杉浦昌子代表や職員らを逮捕監禁致死容疑で逮捕。名古屋地裁は12月7日、「杉浦被告らの下で実際に引きこもりから自立した例があるとしても、犯罪行為を正当化する余地は全くない」として、杉浦氏に懲役4年（求刑は懲役8年）の実刑判決を言い渡した。職員4名については、2名が起訴猶予となり、2名に懲役3年、執行猶予4年の判決が言い渡された。ちなみに、杉浦昌子氏は長田百合子氏の妹。

長田塾裁判とアイ・メンタルスクール事件については、芹沢俊介編『引きこもり狩り』（2007）で、くわしく論じられている。

・丹波ナチュラルスクール事件

2008年9月9日、京都府京丹波町の丹波ナチュラルスクールの経営者江波戸聖烈容疑者（60歳）と同責任者森下美津枝容疑者（55歳）が傷害容疑で逮捕された。14歳の少女に数十回にわたって殴る蹴るの暴行を加え、全治17日間のけがを負わせた疑い。少女たちが脱走し、南丹署に保護されたことから、児童相談所が同施設に立ち入り調査するなどし、施設での虐待の実態などが次々に明るみに出た。保護者が数百万円の高額を支払っていたこと、入所者は寝込みなどを襲われ手錠をかけて連行されていたこと、3か月間は家族との面会も禁止されていたこと、施設に到着したばかりの入所者にいきなり暴行を加えていたこと、夜間は外から鍵を3重にかけて収容するなど入所者を監禁状態に置いていたこと、食事はコンビニからもらった賞味期限切れの弁当やカップラーメンで食事時間を5分に制限していたことなど、さまざまな実態が報道された。その後、江波戸、森下両容疑者のほか、施設関係者8名が監禁容疑で逮捕されている。この事件では、同施設が「フリースクール」と報道されたことも波紋を呼んだ。警察発表では「私設更生施設」と発表されており、なぜマスコミ各社がそろって「フリースクール」と報道したかについては、疑問も残る（京都新聞は「私設更生施設」と報道している）。

（19）貴戸理恵さんの著書『不登校は終わらない』をめぐって、東京シューレが貴戸さんと出版元の新曜社に抗議した経緯がある。これについて私自身は関与していないのだが、不毛な議論に終わってしまったように感じている。また、常野雄次郎さんからは『Fonte』紙上で議論するよう呼びかけをいただいたにもかかわらず、当時編集長であった私はそれに応えなかった。意見の正否はともかく、きちんと議論できなかった責任は私自身にもある。

（20）「『社会的ひきこもり』に関する相談・援助状況実態調査報告」
http://www.mhlw.go.jp/topics/2003/07/tp0728-1f.html

（21）２０００年5月3日、西日本鉄道（西鉄）の高速バス「わかくす号」が九州自動車道太宰府ＩＣ付近を走行中、17歳の少年に乗っ取られる事件が起きた。翌４日未明、警官隊が突入し、少年を現行犯逮捕した。この事件で、塚本達子さん（当時68歳）が死亡、山口由美子さんを含め５名が負傷した。少年は医療少年院に送致されたが、06年1月に仮退院している。

（22）「斬りつけられた痛みは、少年の痛みだと思った」／全国不登校新聞社編『この人が語る不登校』２００２所収

（23）高岡健『引きこもりを恐れず』２００３

あとがき

この本の原稿自体が迷子だった。誰に向けてというわけでもなく書きはじめたものの、出版することについては躊躇があった。私は不登校やひきこもりの当事者ではないし、当事者を差し置いて、わかったようなことを人に向かってエラそうに書いていいのかという迷いもあった。一方では不勉強なクセに、やたらと風呂敷を広げて論じたりもしているし、きっと乱暴な論考だと思う。それで、初稿を書き上げてから1年ほど原稿を寝かせてしまっていた。

初稿は、10人ほどの方にお渡しし、いく人かの方とは踏み込んだ意見交換をさせていただいたが、当初は出版というつもりはなかった。何より、自分の整理のために書きはじめたという面が強かったが、冒頭にも書いたように、自分を問うということは社会を問うことでもあって、そのなかで、いろいろと見えてくることがあった。この問いは、自分にとどめておくよりも、広くいろんな方とともに考え合っていきたい――。そんな思いから、出版させていただくことにした。

とはいえ、厳しさを増す出版不況のなか、こんな売れそうにない本の出版を引き受けてくださった北大路書房は、奇特というほかない。社長の関一明さんに感謝したい。その北大路書房を紹介してくださったのは、小沢牧子さんだった。小沢さんは、寝かせている初稿に、ていねいにご意見をくださり、ずいぶん意見交換させていただいた。また、渡辺位さんや芹沢俊介さんとの意見交換も、原稿を仕上げるうえで重要だった。北大路書房の編集者、柏原隆宏さんは明晰な方で、的確にアドバイスいただき、おかげで本を完成させることができた。漬け物ではないが、寝かせておいたことで、熟成できたように思う。

校正ゲラを読みながら、つくづく、この本も、いろんな方との出会いのなかで、できあがったものだと思った。私は、いわば、イタコの口寄せのごとく、霊媒（?）したようなものだ。もちろん執筆責任は私にあるが、なんだか「自分」が書いたという気がしない。いちいち名前を列挙はできないが、みなさんに感謝したい。また、不登校の当事者運動について批判的に書いた部分は、自己批判でもあることを明記しておきたい。

*

原稿を寝かせているあいだに、世の中は、何の実感もない「戦後最長の好景気」から、ひしひしとリアルな大不況に突入した。毎日のように派遣労働者や期間工の大量解雇が報道されている。きっと、これからは、もっともっとシビアなかたちで、問題が現象化してくるのだろう。「景気が回復すれば……」なんて話がまやかしにすぎないことは、この間の「好景気」でよくわかったはずだ。逆に言えば、それは、まやかしがきかないほど現実がよく見えるということでもある。現実はキツイ。でも、問題を個人の内面に歪曲化させるようなまやかしに惑わされず、問題を社会に返上していくことが希望になるんだと思う。本稿でもくり返し書いたことだが、不安から、まやかしの希望にすがるのではなく、この現実を直視し、人々がつながり合っていくこと。そういうことが、とても必要であるにちがいない。

迷子の時代を、ともに生き抜くために——。

山下耕平

２００８年12月

【著者略歴】

山下耕平（やました・こうへい）
1973年、埼玉県生まれ。大学を中退後、フリースクール「東京シューレ」スタッフを経て、1998年、『不登校新聞』創刊時から、2006年6月までの8年間、編集長を務めた（現在は理事・事務局長）。また、2001年10月、フリースクール「フォロ」設立時より事務局長を務め、2006年10月より、同法人で若者の居場所「コムニタス・フォロ」を立ち上げた。

迷子の時代を生き抜くために
不登校・ひきこもりから見えてくる地平

2009年2月5日　初版第1刷印刷
2009年2月15日　初版第1刷発行

定価はカバーに表示してあります。

著　者　山下耕平
発行所　㈱北大路書房
〒603-8303　京都市北区紫野十二坊町12-8
電　話　(075) 431-0361（代）
FAX　(075) 431-9393
振　替　01050-4-2083

印刷・製本／創栄図書印刷㈱
検印省略　落丁・乱丁本はお取り替え致します。

ISBN978-4-7628-2664-1　Printed in Japan